CÓMO DEJAR DE SOBREPENSAR

EL PLAN DE 7 PASOS PARA SUPERAR LOS PENSAMIENTOS NEGATIVOS Y CALMAR LA MENTE – DEJA DE PENSAR DEMASIADO EN 5 MINUTOS

CHASE HILL

Copyright © 2024 by Chase Hill

All rights reserved.

The content contained within this book may not be reproduced, duplicated or transmitted without direct written permission from the author or the publisher.

Under no circumstances will any blame or legal responsibility be held against the publisher, or author, for any damages, reparation, or monetary loss due to the information contained within this book. Either directly or indirectly.

Legal Notice:

This book is copyright protected. This book is only for personal use. You cannot amend, distribute, sell, use, quote or paraphrase any part, or the content within this book, without the consent of the author or publisher.

Disclaimer Notice:

Please note the information contained within this document is for educational and entertainment purposes only. All effort has been executed to present accurate, up to date, and reliable, complete information. No warranties of any kind are declared or implied. Readers acknowledge that the author is not engaging in the rendering of legal, financial, medical or professional advice. The content within this book has been derived from various sources. Please consult a licensed professional before attempting any techniques outlined in this book.

By reading this document, the reader agrees that under no circumstances is the author responsible for any losses, direct or indirect, which are incurred as a result of the use of information contained within this document, including, but not limited to, — errors, omissions, or inaccuracies.

ÍNDICE

Introducción   5

Paso 1: Identifica a tu enemigo y las razones para sobrepensar   9

Paso 2: 10 poderosas tácticas para detener la ansiedad y la preocupación permanente   28

Paso 3: Lidiando con pensamientos negativos   56

Paso 4: Cómo controlar y eliminar los pensamientos negativos en pocos minutos   71

Paso 5: Aplicando positividad   92

Paso 6: Cómo despejar tu mente y convertirte en lo que deseas en la vida   108

Paso 7: Prácticas diarias simples para superar la procrastinación   141

Guía de solución de problemas (si nada funciona)   153

Conclusión   162

Bibliografía   165

INTRODUCCIÓN

Este libro expone y analiza las diferentes maneras de superar una mente hiperactiva. Ese murmullo o ruido mental que produce tu cerebro por la noche, por la mañana y a lo largo del día, puede hacer que vivir tu vida pacíficamente sea bastante difícil.

El pensamiento negativo, la rumiación excesiva y la preocupación constante son los principales factores que llevan a la mayoría de las personas a la depresión e incluso a la ansiedad. Este libro aborda las razones por las que te encuentras diagnosticado con un "trastorno" que nunca pediste, así como la forma de afrontarlo y vivir con él. Existen diversas técnicas que abarcan los aspectos particulares del murmullo mental y tratan la manera de superarlo poco a poco.

¿Te encuentras despierto por la noche porque no puedes dejar de preocuparte por lo que sucedió durante el día? ¿Te cuestionas constantemente casi todas las decisiones que tomas? ¿Tu trabajo, tus amistades o tu vida entera te parecen abrumadores?

Al leer este libro, te animarás a enfrentarte a tus miedos, controlar tu perfeccionismo y superar los trastornos que te han diagnosticado. Una cosa que puedes aprender de la lectura de este libro es que tus pensamientos no definen tus acciones. A lo largo de la práctica de las técnicas y estrategias contenidas en este libro, podrás ser consciente de la procedencia de tu murmullo mental y de cómo abordarlo.

Deja de preocuparte por lo que has hecho hoy y empieza a vivir el momento. Deja de vivir para el mañana y empieza a respirar la positividad del presente. Deja de pensar demasiado en el futuro y haz grandes cambios para comenzar a vivir tu futuro ahora.

Sólo tenemos prometido el hoy, así que en lugar de obsesionarte con lo que podrías haber hecho en aquel evento social o intentar controlar lo que harás en tu próxima cita, aprende a vivir el momento en el que te encuentras.

Quizá la mayor lección que puedes aprender leyendo este libro es el simple hecho de que tus pensamientos determinan el resultado de tu vida. Aunque esta pueda ser una afirmación difícil de asimilar (especialmente para aquellos de ustedes que ahora están más metidos en sus pensamientos de lo que estaban antes), todo lo que necesitas hacer en este momento es aprender a ser positivo.

Este libro abordará las razones por las cuales tu forma de pensar actual no es beneficiosa para ti, así como la forma en que la positividad puede ayudarte a progresar y a lograr todos los objetivos que te propongas en la vida. Así que, deja de estar atascado, no permitas que tu mente te atrape, y toma el control de lo que deseas.

Finalmente, encontrarás lecciones y una estructura para llegar a donde quieres estar en lugar de donde te encuentras actualmente. Y todo está contenido en este libro.

PASO 1: IDENTIFICA A TU ENEMIGO Y LAS RAZONES PARA SOBREPENSAR

El exceso de pensamiento ocurre cuando parece que no puedes quitarte algo de tu mente y tienes pensamientos incontrolables o intrusivos que no parecen desaparecer. El sobrepensamiento ocurre cuando catastrofizas todo lo que te rodea o eres incapaz de pensar con claridad debido a la cantidad obsesiva de pensamientos que sobrecargan tu mente. Sobrepensar significa que te centras en lo que podría ser, en lo que debería haber ocurrido o en los "y si..." en casi todas las situaciones.

Cuando lo haces, tu mente te atrapa en ciclos o patrones de pensamiento viciosos. Es como si te sintieras mentalmente agotado 24 horas al día, 7 días a la semana, porque tu cerebro no es capaz de desconectar. Es fácil estar atrapado en la mente, ya que el mundo y el universo en el que vivimos nos obligan a pensar en todo lo que hacemos, todo lo que queremos y en todo lo que creemos.

El exceso de pensamientos provoca estrés, ansiedad, depresión y otros trastornos del estado de ánimo. Las personas con exceso de pensamientos se estresan constantemente debido a sus responsabilidades, si son buenas personas, si están tomando las decisiones correctas y si son productivas o improductivas.

Los pensamientos conforman lo que somos o lo que queremos ser como individuos, porque los pensamientos conducen a las acciones, y las acciones conducen al carácter. Como hay tanto en lo que pensar a diario, no es de extrañar que nuestro cerebro esté sobrecargado.

¿Sabes si piensas demasiado o no? Tal vez pienses que sí, pero luego te convences a ti mismo de que no, lo que te lleva a hacerte de nuevo la pregunta original. "¿Pienso demasiado en todo?"

Para algunas personas, es normal dar demasiadas vueltas a las cosas y no pueden evitar estresarse por todo.

Una vez que comienzas, es difícil controlar o incluso detener tus pensamientos. A continuación te presentaremos algunos signos o síntomas de que tu mente te tiene atrapado y está sobrecargada:

1. Insomnio

El insomnio se desarrolla cuando las personas son incapaces de apagar sus pensamientos. Puedes estar cansado todo el día, pero cuando te acuestas para dormir o descansar, te despiertas al instante.

Tus pensamientos inundan tu mente con todo lo que aún no has hecho, lo que quieres hacer, o quizá no perfeccionaste algo que ya hiciste.

Tu mente se obsesiona con cosas que no puedes controlar o cosas que podrías haber controlado, pero no lo hiciste. Es entonces cuando te encuentras atrapado en una prisión mental.

A esto también se le llama sobrepensar, lo que provoca el desarrollo del insomnio.

2. Vivir con ansiedad

Si no puedes relajarte hasta que no has pensado y planificado todas las posibilidades de lo que está por venir o lo que aún no ha ocurrido, es señal de que estás atrapado dentro de tu propia cabeza.

La mayoría de las personas que no pueden dejar de pensar recurren a las drogas, el alcohol o la medicación para ahogar sus pensamientos y conseguir un poco de paz.

Si tus pensamientos te provocan ansiedad, temes lo desconocido y pareces necesitar control, es señal de que vives con miedo y has caído dentro de una trampa mental.

3. Sobreanalizar todo lo que te rodea

Al igual que lo dicho para el síntoma anterior, la necesidad de control es abrumadora y es uno de los principales problemas que conllevan los hábitos de pensar demasiado.

La necesidad de analizar y controlarlo todo significa que intentas planificar el futuro, que es desconocido, por lo que temes fracasar y te obsesionas con lo que estás haciendo ahora para evitar que ocurran cosas malas.

No vives el momento, lo que te produce una gran ansiedad porque tu mente está ocupada con todo lo demás.

A las personas que sobreanalizan las cosas les cuesta aceptar los cambios porque rara vez se planifican, lo que les hace entrar en una espiral descendente, ya que se enfrentan a algo sobre lo que no tienen control.

Debido a este hábito, pensar en exceso conduce a una pobre capacidad de toma de decisiones debido a la indecisión de qué hacer a continuación.

4. Miedo al fracaso (también conocido como perfeccionismo)

A los perfeccionistas también les gusta controlar las cosas; controlan los proyectos y su entorno, asegurándose de hacerlo todo bien por miedo a cometer un error. Los perfeccionistas no pueden aceptar el fracaso y hacen todo lo posible por evitarlo.

Como resultado de este tipo de comportamiento, prefieren no tomar grandes decisiones o aceptar grandes oportunidades antes que correr el riesgo de fracasar.

5. Cuestionarse a uno mismo

Debido al miedo abrumador al fracaso y al perfeccionismo, la mente de un "fanático del control" a menudo analiza, vuelve a analizar, se cuestiona a sí mismo y luego vuelve a analizar, hasta el punto de que nada le parece suficientemente bueno, con lo que el bucle se repite.

Alguien que no puede aceptar el cambio o que no cree plenamente en sí mismo, dudará por miedo a tomar la decisión equivocada.

Además, tardan el doble en procesar la información porque cuestionan también a los demás y se preguntan si han interpretado bien la conversación o no. Si te ocurre esto, considérate un sobrepensador.

6. Dolores de cabeza

Las dudas y los pensamientos repetitivos pueden provocar dolores de cabeza porque la mente no consigue encontrar la paz, ni siquiera por un momento.

Los dolores de cabeza son una señal de que necesitamos tomarnos un descanso y calmarnos o relajarnos. Es una señal de que necesitamos hacer frente a la situación o encontrar estrategias para relajar la mente y el cuerpo.

También se deben a la tensión corporal, lo cual es un signo de estrés.

7. Dolor muscular y articulaciones rígidas

El exceso de pensamientos es una de las principales causas de estrés. Cuando pensamos demasiado, el cerebro lo relaciona con la forma en que deberían ser las cosas y, como resultado, nos atrapa.

Esto conduce a patrones de pensamiento abrumadores y negativos, preocupaciones obsesivas, ansiedad, TOC

(Trastorno obsesivo-compulsivo) y otros trastornos relacionados con el estado de ánimo o el estrés. Cuando alguien está demasiado estresado o piensa demasiado, todo su cuerpo se ve afectado.

Solo cuando encuentres y resuelvas la raíz de tus problemas, o de los factores que te provocan estrés, desaparecerán los dolores y molestias.

Una vez que el cerebro ataca el cuerpo y los músculos, las emociones y el estado de ánimo también se ven afectados, lo que puede hacer que te sientas agotado y mentalmente exhausto o fatigado.

8. Fatiga

Como hemos explicado en el último síntoma, nos sentiremos fatigados si asumimos demasiadas cosas que nuestro cuerpo y nuestra mente no pueden manejar.

La fatiga es la forma que tiene el cuerpo de decirnos que estamos a punto de agotarnos. Si estamos siempre en movimiento, no solo física, sino también mentalmente, el agotamiento es inevitable.

Es como un aparato electrónico que necesita pilas: si se deja encendido 24 horas al día, 7 días a la semana, o si sigue funcionando sin cargarse, morirá o habrá que cambiarle las pilas.

El cansancio es la forma que tiene el cerebro de hacerte saber que necesita reiniciarse o que necesitas descansar o de lo contrario te quedarás sin energías.

9. No poder estar presente

¿Estás intentando escuchar a los demás, pero tu mente te distrae con tus propios pensamientos? ¿O quieres vivir el momento con tus hijos o tu pareja, pero estás demasiado ocupado obsesionándote con lo que necesitas, lo que hay que hacer o lo que se te ha olvidado de hacer (porque debe haber algo)?

Esto significa que tu mente te tiene atrapado en el maravilloso mundo del sobrepensamiento. ¿No es increíble? No... Pensar demasiado puede hacer que pierdas de vista las cosas más importantes de la vida. Recuerda ir más despacio, porque no todo tiene que ir deprisa. Al fin y al cabo, aún te queda vida por delante.

Como puedes ver, estos síntomas o señales de que eres un pensador excesivo se relacionan entre sí. Por ejemplo, empiezas sobreanalizando y cuestionando las cosas, lo que se deriva del miedo a fracasar, que te produce ansiedad por la falta de control ante un futuro desconocido.

Cuando esto ocurre, aparecen dolores de cabeza y rigidez muscular, lo que lleva a una falta de sueño que provoca insomnio y fatiga, lo que complica las cosas para que puedas permanecer en el momento presente.

Pensar en exceso y preocuparse de forma obsesiva es difícil de controlar, pero es posible. Al final de este libro, desarrollarás y sabrás exactamente qué cambiar y cómo hacerlo sin temer las consecuencias. Piensa en este libro, a medida en que lo vayas leyendo, como tu guía completa para mejorar y dejar esos molestos pensamientos a un lado.

Deja de sobrepensar

Si existiera la posibilidad de detener tus pensamientos, ¿no aprovecharías la oportunidad?

Imagina que pudieras descansar más y tranquilizar tu mente para encontrar la paz. Esto es posible; sin embargo, debes desarrollar la paciencia, el impulso, la motivación y la resiliencia.

En los próximos capítulos hablaré más sobre las técnicas para dejar de sobrepensar y preocuparse de forma permanente, pero por ahora, centrémonos brevemente en cómo dejar de sobrepensar.

La razón por la que necesitas ser paciente es que no todo el mundo se convierte en un maestro en calmar sus pensamientos de la noche a la mañana, por lo que la resiliencia es necesaria porque tienes que ser consciente de que es posible que falles, pero la práctica hace las cosas más fáciles.

Cada día que practiques cómo calmar tu mente estarás un paso más cerca de las ventajas de tener paz interior y vivir de forma consciente.

Además, más adelante hablaremos de por qué es tan importante estar motivado y abordar tus patrones de sobrepensamiento.

Es completamente normal pensar en exceso de vez en cuando, pero cuando se convierte en un patrón que con el tiempo se desarrolla y continúa perturbando tu vida cotidiana, entonces es cuando se ha convertido en un problema.

Hay dos patrones de pensamiento que implican un exceso de pensamientos destructivos:

• **Rumiar - Rememorar el pasado**

Rumiar consiste en pensar demasiado en cosas que no puedes controlar o en cosas que han sucedido y que te obsesionan.

Por ejemplo, digamos que fuiste a una reunión y expusiste tu opinión sobre un tema determinado, más tarde te dices que no deberías haberlo hecho, y entonces te obsesionas con lo que podrías haber dicho de otra manera.

Además, los pensamientos negativos se derivan de pensamientos rumiantes, como pensar en lo que alguien dijo sobre ti de forma negativa, y luego creerlo debido a algo que hiciste antes de este pensamiento.

Por ejemplo, recuerdas que tus amigos o compañeros te decían que no llegarías lejos, y ahora empiezas a creerlo.

• **Preocupación excesiva - Predecir el futuro negativamente**

Es posible que sientas y te digas a ti mismo que no harás un buen trabajo en tu presentación de mañana. O puede que sientas y pienses que no eres lo suficientemente bueno, por lo que tu pareja puede encontrar a otra persona. No crees en ti mismo, así que no confías en cómo van a salir las cosas porque tienes miedo de tu futuro, que es incierto.

Quienes sobrepiensan imaginan los peores escenarios y se ponen ansiosos basándose en estas "visiones". Una cosa es pensar negativamente y preocuparse o rumiar resultados o experiencias negativas, y otro problema es cuando en tu mente se reproducen imágenes o escenarios.

Por ejemplo, imagina que vas a recoger a tus hijos al colegio; tienes cinco minutos antes de que estén fuera esperándote. De camino al colegio, se te rompe el coche y tienes que pedir ayuda.

Tu mente te muestra una imagen o "visión" de que tus hijos están esperando, nadie está allí para recogerlos, y entonces un extraño viene a recogerlos, y ahora tus hijos han desaparecido.

Entonces empiezas a sentirte ansioso y tu mente te engaña para hacerte creer que eres un mal padre.

Esta es la trampa mental que produce el hecho de sobrepensar. Cuando esto ocurra, detente y tómate un momento para reflexionar y no solo pidas ayuda, sino también llama al colegio y comunica lo sucedido, y luego haz otra llamada para que otra persona vaya a buscar a tus hijos.

Cuando te tomas un momento para reflexionar y pensar en el mejor de los escenarios, tu mente no tiene tiempo para estresarse por cosas irracionales que lo más probable es que no ocurran.

Los estudios sugieren que pensar en exceso conduce a problemas de salud mental y a dormir menos, lo que a su vez conduce al consumo de alcohol o drogas como forma de sobrellevarlo.

Así que vamos a descubrir cómo poner fin a esta pesadilla de rumiar y preocuparse en exceso.

Pon en práctica las siguientes estrategias para disfrutar de un poco de calma y de noches más tranquilas:

1. Nota cuando estés sobrepensando.

Practica el autoconocimiento. De este modo, serás consciente de cuándo se presentan esos pensamientos molestos. Ser consciente de tus desencadenantes y de cuál es la primera señal de que estás atrapado en el hábito de pensar en exceso son los primeros pasos para escapar del ciclo.

Cuando notes que te obsesionas con cosas que no puedes controlar o te estresas por el pasado, reconócelo y date cuenta de que están ahí sin ponerte ansioso ni juzgarte.

Dite a ti mismo que vas a dedicar diez minutos a pensar en lo que te preocupa. Fija un temporizador. Date cuenta de que pensar así no es productivo, ya que no va a cambiar nada, y luego pasa a lo que te preocupa.

Una vez completado este proceso, respira hondo y distráete con otra cosa.

2. Desafía tus pensamientos.

Desafiar tus pensamientos es una forma productiva de salir del patrón negativo y de pensamiento excesivo en el que tu mente quiere que permanezcas.

Si te encuentras pensando que, como llegas tarde, te van a despedir, o que vas a pagar tarde el alquiler y te vas a quedar sin casa, da un paso atrás.

Date cuenta de que te preocupas por cosas que aún no han ocurrido y piensa en el mejor de los casos. Si no puedes evitar pensar en el peor de los casos, piensa primero en cómo evitar que ocurra lo peor.

Por ejemplo, si no ha sonado el despertador y vas a llegar tarde al trabajo, en lugar de hacer caso a tus pensamientos y correr frenéticamente, desafía a tus pensamientos.

Pregúntate qué puedes hacer.

¿Puedes llamar al trabajo y avisar que llegarás tarde? ¿Podrías llegar a tiempo?

¿Qué podrías hacer para evitar que vuelva a ocurrir?

¿Merece la pena estresarse por esto para ser perfecto?

Toma consciencia y comprende que nadie es perfecto. Al dar un paso atrás para pensar en las cosas con lógica, verás que las cosas se hacen más rápido y más fácil.

3. Céntrate en la resolución de los problemas.

Del mismo modo que desafías a tus pensamientos, busca formas de resolver los problemas. ¿Por qué insistir en los problemas cuando puedes resolverlos?

No te preguntes por qué ha ocurrido algo, sino qué puedes hacer al respecto. Cuando das pasos y piensas en soluciones a tus problemas y factores de estrés, enseñas a tu cerebro que tienes el control y éste se reconfigura para resolver automáticamente los problemas de forma eficaz a medida que practicas.

Así que tómate más tiempo para ir más despacio y reconocer el problema, en lugar de destrozarlo y destrozarte a ti mismo. Busca soluciones y pregúntate cómo puedes cambiarlo. Si no se puede cambiar, déjalo pasar y céntrate en otra cosa.

4. Practica e investiga sobre Mindfulness.

El Mindfulness o atención plena, es una excelente técnica que puede ayudar a cualquier persona a vivir el momento. Ser consciente es estar presente en el momento en el que te encuentras. Sugiere que nada más importa, excepto este momento, este lugar y este ser. Es ser uno consigo mismo y con tus pensamientos.

Piensa en ello: ¿Cómo puedes centrarte en el pasado o en el futuro si estás prestando toda tu atención al aquí y al ahora? Con la práctica, el Mindfulness es una gran técnica para reducir el exceso de pensamientos y las ideas negativas.

5. Cambia de canal.

Si te digo que no pienses en un elefante morado saltando sobre nubes rosas, ¿qué vas a hacer? Por mucho que lo intentes, vas a pensar en el color del elefante y en lo que está haciendo.

Lo mismo ocurre cuando intentas dejar de hacer algo. Así que cuando te dices a ti mismo que no pienses en algo, seguro que te sale el tiro por la culata.

En lugar de eso, reconoce tus pensamientos y distráete con otra cosa, como hacer ejercicio o llamar a un amigo para desahogarte y escucharlo. Cuando te centras en otras personas u otras cosas, es más probable que dediques tu tiempo a hacer algo distinto que a pensar y preocuparte en exceso.

Otra idea productiva es ponerte creativo. Haz un dibujo que simbolice tus pensamientos, escribe una entrada en tu diario o rima tu estado de ánimo actual con otras palabras. Juega al scrabble o interactúa con cosas de la casa.

A veces basta con salir de casa, caminar o alejarse de la situación actual. Esta también es una estrategia para "reiniciar" tu mente hiperactiva. Hablaremos de ello más adelante.

En conclusión, cuanto más practiques estas técnicas, mejor conseguirás aquietar tu mente.

Cuando tu mente esté tranquila, podrás pensar mejor las cosas. Cuando puedas pensar bien las cosas, podrás tomar decisiones efectivas sin que los pensamientos negativos interrumpan tus esfuerzos.

Con el tiempo, tu mente aprenderá a dejar de lado las preocupaciones innecesarias por sí sola, te sentirás menos estresado y podrás afrontar mejor los problemas.

¿Hasta qué punto eres un sobrepensador?

Ahora que hemos repasado los signos del pensamiento excesivo y lo que puedes hacer para evitarlo o reducirlo, podemos centrarnos en hasta qué punto eres un pensador excesivo.

A veces, pensar demasiado se debe a un problema subyacente, como el trastorno de ansiedad generalizada (TAG). El TAG consiste en una preocupación constante e incontrolable, nerviosismo y tensión acumulada.

El motivo por el que se denomina "generalizado" es que no le temes solo a una cosa concreta, sino a casi todo, ya que todo te produce ansiedad debido a tus excesivos patrones de pensamiento. Solo se convierte en un trastorno cuando no puedes controlarlo y cuando empieza a apoderarse de tu vida provocándote síntomas situacionales o "ataques de pánico" por tus pensamientos.

El objetivo de esta sección es averiguar hasta qué punto eres un pensador excesivo o si está relacionado con la ansiedad u otro trastorno del estado de ánimo.

Este es un test que puedes hacer online para averiguar si tienes ansiedad y de qué tipo:

http://www.heretohelp.bc.ca/screening/online/?screen=anxiety

Este es un test para averiguar si eres un sobrepensador y, si lo eres, hasta qué punto. También ofrece consejos, trucos e información crucial para entender lo que significa serlo:

https://psychologia.co/overthinking-test/

Este es un test online en el que puedes ver si la depresión es la raíz de tus patrones de sobrepensamiento:

https://www.psycom.net/depression-test/

Estas pruebas no son para autodiagnosticarse, sino para saber si necesitas consultar con un médico.

¿Sobrepensar es un trastorno?

A estas alturas ya deberías saber si eres una persona que piensa demasiado, basándote en tus rutinas y en tus elecciones vitales. Así que la siguiente pregunta es si hay un problema más profundo detrás.

Sobrepensar puede ser la causa principal de un trastorno de ansiedad o depresión. Esto se debe a que cuando estamos atascados en nuestra mente, nos preocupamos continuamente por cosas que creemos que podemos controlar, pero que en realidad no podemos. Nos deprimimos cuando seguimos pensando negativamente y parece que no podemos controlar nuestros patrones de pensamiento que giran en torno a estos pensamientos negativos.

Por lo tanto, si te preocupa la frecuencia con la que piensas en exceso y además has experimentado otros síntomas relacionados con la ansiedad en el pasado, puede que haya más de lo que parece. Nuestras mentes pueden ser intrincadas y, a veces, lo que parece un exceso de pensamiento puede estar relacionado con un trastorno psicológico más profundo.

Muchas personas también sufren por darle demasiadas vueltas a las cosas, como si han tomado la decisión correcta o si van por el camino "adecuado". Lo cierto es que no existe lo "correcto" o "incorrecto", sino que depende de si establecemos estas creencias dentro de nuestra propia mente y luego nos esforzamos por completar los objetivos de lo que es correcto o incorrecto.

Por ejemplo, cuando conocemos a la familia de alguien por primera vez, podemos pensar: "*¿He dicho lo correcto?*" o "*¿He causado la impresión "correcta?*".

En realidad, la familia de esta persona ni siquiera está pensando o juzgándote basándose en tus propios juicios. Así que, en este sentido, nada es "correcto" o "incorrecto". Cuando te enfrentas a esta actitud o creencia "correcta o incorrecta", intenta centrarte en el momento y practicar el Mindfulness de manera intencionada.

Sobrepensar solo se convierte en un trastorno cuando se convierte en lo único que haces e interrumpe tus necesidades diarias. Cuando no puedes hacer las cosas o tienes miedo de cometer errores, pensar en exceso se convierte en un trastorno, que provoca ansiedad, depresión y otros trastornos del estado de ánimo.

Sin embargo, si solo te preocupan las mismas cosas todos los días, pero no dejas que afecte a tus decisiones, entonces no tienes necesariamente un trastorno. Es normal tener pensamientos y preocupaciones recurrentes.

Del mismo modo, si tus preocupaciones abarcan varios aspectos de tu vida, como tú mismo, tu salud, tu familia y tus amigos, tampoco apunta automáticamente a un trastorno.

Si te preocupas o te ocupas demasiado de la vida de los demás y de sus preocupaciones o miedos, puede ser que tengas una personalidad empática.

Entonces, ¿cómo saber si padeces un trastorno? Uno o varios de estos síntomas son señales de que puedes padecerlo:

• Te comparas con los demás y cuestionas sus juicios fijándote expectativas demasiado altas. Te preocupas constantemente por lo que piensan los demás en lugar de tener confianza en ti mismo.

• Catastrofizar cada escenario o situación de tu vida. Pensar o imaginar que ocurrirá lo peor, lo que da lugar a pensar que todo y todos "van detrás de ti".

• Incapacidad para superar los fracasos o los errores. Pensar continuamente en cómo podría haber hecho algo diferente o en cómo debería o no debería haber dicho o hecho algo, y luego sentir una ansiedad y nerviosismo abrumadores al respecto.

• Establecer objetivos "descabellados" y pensar que nunca serás capaz de alcanzarlos. No fijarte nunca objetivos que realmente puedas cumplir, por lo que te sientes abrumado y como resultado no haces nada por trabajar para conseguirlos.

• Incapacidad de desconectar tu mente hiperactiva, que te deja fatigado y constantemente estresado.

Si estos síntomas te resultan familiares, lo mejor es que acudas a un profesional de la salud mental para que trate tus preocupaciones. Un profesional, como un médico o un terapeuta, puede darte métodos de afrontamiento y otras herramientas para ayudarte con el pensamiento excesivo.

Si tienes estos síntomas, es posible que también tengas problemas de comunicación debido a la incapacidad de escuchar plenamente, que te resulte difícil disfrutar de aficiones o intereses, o que seas improductivo en el trabajo debido a tus rasgos obsesivos y perfeccionistas.

Si sobrepiensas o si eres incapaz de "desconectar", otros trastornos del estado de ánimo, como la ansiedad, el trastorno de ansiedad generalizada, la depresión, el insomnio y el trastorno obsesivo-compulsivo (TOC), podrían adquirir protagonismo en tu vida cotidiana.

Ya hemos aprendido en qué consiste el sobrepensar y qué puede causar; sin embargo, hay otros síntomas y causas de los que hablaremos a lo largo de este libro.

Analizaremos con más detalle los síntomas del TAG, la depresión y el TOC en el próximo capítulo, ya que estos trastornos del estado de ánimo giran principalmente en torno a preocuparse demasiado. También hablaremos de las acciones que puedes llevar a cabo para buscar ayuda si ya has sido diagnosticado o tienes la sensación de que puedes estar llegando a este punto.

En el próximo capítulo, hablaremos sobre las preocupaciones, cómo afrontar los miedos y explicaré en detalle lo que hace el cerebro cuando uno sobrepiensa o se preocupa en exceso.

PASO 2: 10 PODEROSAS TÁCTICAS PARA DETENER LA ANSIEDAD Y LA PREOCUPACIÓN PERMANENTE

Existen las preocupaciones y luego existe la preocupación excesiva. Al igual que pensar en exceso, preocuparse en exceso es atormentarse con pensamientos sobre el pasado, el presente y el futuro e intentar controlar lo que no se puede controlar. Es una afección en la que puedes sentir una sobrecarga de estrés y ansiedad, sintiéndote constantemente intranquilo, incluso por cosas pequeñas.

Trastornos como la ansiedad, el TOC y la depresión pueden ser el resultado cuando alguien desarrolla una preocupación excesiva. Padecemos este trastorno porque nos resulta difícil superar nuestros miedos, ya que estamos demasiado asustados por el propio miedo como para plantearnos un problema y encontrar una solución.

Hay diferencias entre los que sobrepiensan y los que se preocupan en exceso. La preocupación surge del miedo, mientras que el exceso de pensamientos se origina en la negación.

Miedo:

La preocupación nos trae dudas sobre nosotros mismos y un miedo constante a lo desconocido, lo que nos dificulta aceptar y afrontar los cambios en nuestra vida. El miedo nos hace evitar cosas que queremos hacer porque nos atrapa en nuestra mente como una forma de mantenernos a salvo.

Sin embargo, el miedo es una ilusión. Cuando tenemos miedo al cambio o a lo desconocido, perdemos oportunidades que están justo delante de nosotros, como un ascenso, conocer gente nueva y conocimientos potenciales para mejorar. Más adelante hablaremos del miedo y de cómo controlarlo.

Negación:

La mayoría de las veces, negamos lo que queremos, así que nos aferramos a la negación para evitar soportar el malestar o las emociones dolorosas. Para hacer frente a la negación o soportar más negaciones de otras personas, podemos utilizar distracciones como las drogas, el alcohol, los medicamentos recetados, el ejercicio o el trabajo para no tener que enfrentarnos a nuestra verdad.

Por otro lado, algunas personas utilizan pensamientos, lo que los lleva a sobrepensar porque no pueden o no quieren aceptar lo que es o lo que fue.

Si no controlas tus pensamientos, lo que te lleva a preocuparte en exceso, acabarás teniendo más estrés, que es también la principal causa de los problemas de salud mental.

Afortunadamente, este libro te dará una visión sobre cómo dejar de preocuparte para disminuir la posibilidad de que se formen trastornos y así poder vivir una vida más sana.

Problemas de salud mental

En el capítulo anterior explicamos brevemente qué es el TAG (Trastorno de Ansiedad Generalizada), así que ahora hablaremos más detalladamente de él.

El trastorno de ansiedad generalizada, en pocas palabras, es un trastorno en el que las preocupaciones y los miedos se apoderan de tu vida e interrumpen los hábitos saludables, dificultando el desarrollo de conductas sanas y eficaces.

Hay personas que se preocupan por las cosas de un modo productivo, como tener un pensamiento, ser conscientes de él, pensar en el asunto y luego dejarlo pasar.

La razón por la que este efecto es más saludable es porque la preocupación no se apodera de tu mente y sigues siendo capaz de hacer las cosas que te gustan, ya que no tienes un miedo abrumador a lo que no puedes controlar. Entiendes que preocuparte no va a cambiar nada y es fácil distraerse o pensar en otras cosas, mientras que el TAG tiene un efecto totalmente distinto.

A las personas con TAG les resulta muy difícil distraerse de sus preocupaciones y pensamientos intrusivos. Esperan lo peor de cada situación y desarrollan síntomas de "ataque de ansiedad" como resultado de que su cerebro y su cuerpo están demasiado estresados. A quienes padecen TAG les cuesta mucho relajarse y estar en el momento presente.

Estos son algunos signos de que alguien puede estar sufriendo de TAG:

Emocionales

• Preocupación excesiva y pensamientos intrusivos que no pueden frenarse ni controlarse;

• No importa lo que hagan, parece que no pueden evitar los pensamientos intrusivos o negativos a diario;

• No pueden manejar la incertidumbre o el cambio. Necesitan saber, planificar o controlar lo que les depara el futuro;

• Una repentina sensación de temor o miedo cuando las preocupaciones toman el control.

Conductuales

• Son incapaces de relajarse, siempre están tensos y no pueden disfrutar de su tiempo a solas ni parecen relajarse;

• Tienen incapacidad para focalizarse o concentrarse en las tareas, el trabajo o los estudios;

• Debido a que se sienten abrumados por sus preocupaciones, procrastinan o cancelan eventos o "tareas pendientes" con frecuencia;

• Debido a los ataques de ansiedad en determinadas situaciones, evitarán salir o entrar en situaciones por miedo a que sus pensamientos los sobrecarguen. También pueden sobrepensar antes del acontecimiento, por lo que evitan ir o hacer cualquier cosa que desencadene su ansiedad.

Físicos

• Presión muscular constante o rigidez articular. El cuerpo se siente tenso a diario;

• Debido a tener una mente hiperactiva, las noches en vela se vuelven más dominantes y pueden desarrollar insomnio;

• Sensación de constantemente nerviosismo o inquietud, y suelen asustarse con facilidad;

• Problemas intestinales como calambres estomacales, náuseas, diarrea o estreñimiento.

Esta lista de síntomas puede parecer excesiva, pero el lado positivo es que, con la orientación y la ayuda adecuada, puedes encontrar la forma de sobrellevarlo. Otro trastorno que puede aparecer debido al exceso de preocupaciones es el TOC (Trastorno obsesivo-compulsivo).

El TOC se deriva de los trastornos de ansiedad, pero en lugar de tener miedo de tus pensamientos y preocupaciones, se caracteriza por tener que hacer cosas en función de lo que estás pensando.

Por ejemplo, alguien que padece TOC puede lavarse las manos veinte veces al día o contar todas las cosas rojas de una habitación antes de poder hacer otra cosa. No produce ningún placer al individuo, pero es una forma de manejar sus propias ansiedades.

El TOC se caracteriza por pensamientos intrusivos no deseados que le hacen sentir a la persona que debe actuar de forma repetitiva o tener comportamientos ritualizados, como contar, cantar, lavarse, dar golpecitos, moverse o disponer las cosas de una determinada manera. Si estas tareas o comportamientos no se llevan a cabo exactamente cuando la persona siente que debe hacerlos, entonces les provoca una gran dosis de pánico porque no pueden resistir el impulso de hacer esa cosa específica.

En resumen, es cuando el cerebro se queda atascado en un pensamiento o impulso concreto que no desaparece hasta que se practica o se ensaya, como un CD o un disco que salta cuando se raya, incapaz de continuar con la canción. Es como si la persona no pudiera continuar su día hasta que actúa sobre este pensamiento o impulso que tiene.

Se presentan a continuación las señales que podrían indicar que una persona padece TOC:

Pensamientos

• Miedo a los gérmenes, a contaminarse o a contaminar a los demás;

• Miedo a perder el control de uno mismo o del entorno, con el resultado de hacerse daño a sí mismo o a los demás;

• Pensamientos incontrolables, no deseados y perturbadores en torno a imágenes sexuales o violentas;

• Enfoque exagerado en conceptos religiosos o morales;

• Miedo a olvidar algo o a dejar atrás algo que pueda necesitar;

• Supersticiones;

• La idea o pensamiento de que todo tiene su lugar, y todo debe ser de una manera determinada o específica.

Comportamientos

• Comprobación constante de aparatos, cerraduras, relojes e interruptores;

• Control excesivo de la seguridad de un ser querido, por lo que se está continuamente pendiente de él;

• Contar, dar pequeños golpecitos, repetir palabras o frases, o reducir la ansiedad de otras formas irracionales;

• Limpieza ritual de uno mismo o del entorno;

• Organizar las cosas exactamente como NECESITAS tenerlas para no desencadenar el miedo y el pánico;

• Acumular "basura", como periódicos, piedras, envases de comida, ropa u otras cosas.

Aunque puede ser difícil vivir con el TOC o ver a otra persona luchar contra él, se puede encontrar ayuda. Más adelante, hablaremos de las formas en las que puedes dejar de preocuparte en exceso o afrontarlo, y estas estrategias o consejos te ayudarán con los trastornos relacionados con la ansiedad, la depresión y el TOC. Hablando de depresión, este es otro trastorno que puede derivarse de la preocupación excesiva.

Existe la tristeza por un lado y luego existe la depresión. La depresión es algo más que un estado de ánimo apagado o molesto; es cuando nuestros pensamientos negativos se vuelven incontrolables y vemos el mundo únicamente de forma negativa.

Desarrollamos esta forma de pensar hasta el punto de que parece imposible salir de ella, así que dejamos de intentarlo o de preocuparnos, lo que nos conduce al estado de depresión.

Puede ser difícil levantarse por las mañanas y se puede perder el interés por actividades que normalmente se disfrutarían. La depresión altera nuestra forma de vivir, atacando hábitos importantes como comer, dormir, trabajar y estudiar.

Algunas personas describen la depresión como una sensación de vacío o desesperanza, que hace que uno crea que la vida no tiene sentido o que nada puede causar felicidad.

Los síntomas de la depresión son los siguientes:

• Sensación de impotencia o vacío. Pensamiento abrumador, en blanco y negro, como que nada mejorará y que no hay nada que puedas o quieras hacer al respecto;

• Pérdida de interés en actividades que antes disfrutabas, como el sexo, las aficiones y la vida social. No sientes alegría ni placer y no sientes la necesidad de estos sentimientos;

• Cambios en los hábitos alimentarios; puedes perder peso

debido a la falta de interés por comer o ganar peso como una forma de "comerte tus sentimientos";

• Trastornos del sueño. No dormir lo suficiente debido al insomnio o dormir en exceso debido a la desesperanza que tu cerebro te hace sentir ante la vida;

• Ira y frustración. Tu nivel de paciencia es bajo, tienes una mecha corta y todo parece molestarte;

• Fatiga o agotamiento. Debido a los pensamientos constantes que pasan por tu mente diariamente, te sientes atado y pierdes energía debido a tus hábitos, como tus patrones de sueño y alimentación;

• Baja autoestima. No tienes confianza en ti mismo y crees lo peor de ti y de otras situaciones. Estás tan cansado de tus inoportunos pensamientos negativos que pierdes la esperanza y la motivación para mejorar;

• Problemas de concentración. Te cuesta concentrarte en las tareas, tomar decisiones y recordar cosas debido a tu mente hiperactiva que te sigue agobiando.

Es fácil confundir la depresión con el trastorno bipolar porque ambos implican sentimientos y síntomas similares. Sin embargo, el trastorno bipolar se produce cuando se tienen estados de ánimo muy enérgicos y estados de ánimo muy depresivos alternativamente.

Las personas con este problema de salud mental tienen dificultades para equilibrar sus emociones o mantener un estado de ánimo estable y "neutro". El trastorno bipolar también puede confundirse con trastornos de la personalidad o de desrealización.

Como puedes ver, el exceso de pensamientos, que se convierte en preocupación excesiva, que luego progresa hacia patrones de pensamiento negativos, puede tener un gran efecto en tu salud mental. Es conveniente que busques ayuda de un médico o psiquiatra si crees que tienes alguno de los síntomas de estos trastornos.

Por otro lado, intenta no preocuparte ni pensar demasiado en si los padeces o no. Si aún no te han diagnosticado ni has experimentado estos síntomas antes de leer este libro, lo más probable es que no tengas que preocuparte por desarrollar estos problemas de salud mental.

Continúa leyendo para aprender más sobre lo que sucede en el cerebro, y luego podremos sumergirnos en los hábitos saludables para disminuir el estrés constante que gira en torno a las preocupaciones de tu mente.

¿Qué ocurre en el cerebro hiperactivo/preocupado?

Ahora que tenemos más información sobre lo que puede causar la preocupación excesiva, vamos a averiguar cómo funciona nuestro cerebro si desarrollamos estos trastornos o vivimos la vida preocupándonos a diario.

¿Sabías que tu cerebro realmente cambia y tiene un aspecto diferente como resultado de los efectos a largo plazo del estrés?

Los investigadores han examinado y comparado el cerebro de una persona a la que se le había diagnosticado depresión con el de otra que no la padecía, y el escáner de resonancia magnética mostró que la persona a la que se le había diagnosticado depresión tenía un cerebro ligeramente diferente al de la otra.

La resonancia magnética, un dispositivo utilizado para observar el interior del cerebro, mostró que las personas con depresión crónica tenían un hipocampo más pequeño y un córtex derecho más delgado. El hipocampo es responsable de la memoria, y el córtex derecho, de nuestro estado de ánimo.

Dado que la depresión gira principalmente en torno a la forma en que nos hablamos a nosotros mismos y vemos el mundo en función de la negatividad o la positividad, es justo decir que la preocupación excesiva podría ser la causa de que las regiones de la mente que se centran en el procesamiento de recompensas se vuelvan menos activas.

Los procesadores de recompensa del cerebro son responsables de los receptores del "bienestar", como la serotonina y la dopamina. fLas sustancias químicas que nos hacen sentir bien nos entusiasman con cosas como las aficiones, la socialización y los acontecimientos nuevos. Cuando esta parte está menos activa, puede resultar difícil entusiasmarse con estas cosas.

Cuando las personas están preocupadas durante un periodo de tiempo considerable, sus niveles de serotonina y dopamina disminuyen, lo que provoca mayores niveles de depresión y ansiedad. Si no se trata o no se advierte, puede aumentar y causar más problemas.

Veamos lo que provocan estas sustancias químicas:

Serotonina:

La serotonina regula el estado de ánimo, las emociones y el sueño. Esta sustancia química es la responsable de que te sientas excitado, mantengas una actitud positiva y te sientas menos estresado o preocupado. Si te preocupas constantemente, es posible que tus niveles de serotonina sean más bajos de lo normal.

Dopamina:

La dopamina afecta al movimiento subconsciente, a la conciencia y la atención, y a las sensaciones placenteras.

Cuando se mantienen relaciones sexuales o se hace ejercicio, aumentan los niveles de dopamina en el cerebro, razón por la cual se experimenta una sensación de euforia al realizar estas actividades.

Si tus niveles de dopamina son bajos, es posible que te cueste concentrarte o que sientas la necesidad de participar en actividades que te hagan sentir bien.

Norepinefrina:

Esta sustancia química es responsable de la atención que presta nuestro cerebro a los estímulos externos y de su respuesta. Tiene dos funciones: una como hormona del estrés y otra como neurotransmisor, una sustancia que envía mensajes hacia y desde las células nerviosas.

Puede que te resulte familiar la respuesta de "lucha, huida o congelación". Cuando nos encontramos en un entorno inseguro, se activan sustancias químicas y hormonas en el organismo, lo que agudiza nuestros sentidos y nos permite luchar mejor, correr más rápido o permanecer quietos y en silencio durante más tiempo.

Como se trata de una acción subconsciente, no tenemos control sobre ella, al menos hasta que el cerebro analiza la amenaza para decidir si es real o no. Una vez que el cerebro determina que la amenaza es real, o la amenaza desaparece, el sistema nervioso parasimpático entra en acción y el cuerpo vuelve a su estado de "reposo y digestión".

Esta respuesta ha sido, y sigue siendo, esencial para nuestra supervivencia. Nuestros antepasados nunca habrían sobrevivido si se hubieran enfrentado a un animal salvaje y hubieran permanecido en estado de calma. Era la liberación de norepinefrina lo que les obligaba a entrar en acción. Aunque nuestros peligros no son los mismos hoy en día, seguimos confiando en este instinto para protegernos.

El problema es que el cerebro no siempre analiza con precisión las amenazas potenciales. Ver una película de terror o tener una pesadilla desencadena la misma respuesta que presenciar o vivir un crimen, por ejemplo.

Los traumas del pasado pueden hacer que el cerebro reaccione con miedo, aunque la amenaza no sea real. Puede tratarse de algo como haber sido mordido por un perro y tener una oleada de miedo al ver cualquier perro, miedo a los hospitales, a las parejas maltratadoras, etc. La liberación frecuente o continua de norepinefrina cuando no existe una amenaza real puede provocar ansiedad e incluso trastornos de ansiedad.

Entonces, ¿qué ocurre en el cerebro que provoca estos disparos de "falsa alarma"? ¿Sabías que antes de que tu cuerpo empiece a sentir los síntomas de un ataque de ansiedad o de pánico, el cerebro ya está formando pensamientos, comportamientos y preparándose para proporcionar síntomas físicos, antes incluso de que seas consciente?

Por eso la mayoría de los psicólogos o médicos te pedirán que prestes atención a lo que estabas pensando o haciendo antes de que el miedo se desarrollara dentro de tu cuerpo.

La preocupación excesiva puede desencadenar un ataque, que se forma a partir de patrones de pensamiento y hábitos cotidianos.

La amígdala y el hipocampo desempeñan un papel importante en la mayoría de "los episodios de preocupación", lo que provoca ansiedad crónica o estrés continuo.

Amígdala:

Esta parte del cerebro es responsable de la conexión entre las áreas del cerebro que procesan los mensajes sensoriales entrantes y las áreas que comprenden estas señales. Se encuentra en el interior del cerebro y tiene forma de almendra.

Es la parte del cerebro que activa las alertas o el peligro.

La amígdala tiene una parte de memoria emocional almacenada en su interior y puede ser la razón por la que nos asustan ciertas cosas, como imágenes (perros, arañas, aviones), los olores (olores de la infancia u olores familiares que desencadenan peligro), los sabores (comida u otros sabores que provocan paranoia o hipocondría, por ejemplo si alguien se hubiera intoxicado alguna vez) y los sonidos (ruidos, como tormentas, golpes en armarios o gritos).

Dicho esto, podemos pensar que el trastorno de estrés postraumático (TEPT) es el resultado de una amígdala hiperactiva.

Hipocampo:

El hipocampo no solo es responsable de la parte de la memoria del cerebro, sino que también transmite los sucesos amenazantes. En las personas con TEPT, maltrato infantil o una historia violenta o problemática, su hipocampo es en realidad más pequeño que el de quienes no son víctimas de su pasado.

Se cree que las personas con hipocampos más pequeños evocan o crean retrospectivas no deseadas de recuerdos traumáticos. Estas personas tienen dificultades para poner los recuerdos en orden cronológico y sufren pérdida de memoria a corto plazo como consecuencia de un hipocampo más débil.

La norepinefrina y el cortisol son sustancias químicas naturales del cuerpo, responsables de aumentar la percepción, los reflejos y la velocidad en situaciones de riesgo. También aumentan tu ritmo cardíaco, bombean más sangre y oxígeno a tus músculos y pulmones, y te preparan para enfrentarte a lo que sea que vayas a sufrir.

Sin embargo, cuando se trata de una falsa alarma, estos picos siguen surtiendo efecto, y cuando no te enfrentas a un peligro real, estos altos niveles de sustancias químicas y hormonas que recorren tu cuerpo no tienen adónde ir porque no se están utilizando de forma eficaz. Como resultado, puedes quedarte paralizado y acabar temblando, sudando y sin poder respirar, entre otros muchos síntomas físicos.

¿Puedes imaginarte todo esto solo porque sobrepiensas o te preocupas en exceso por todo?

Tu cuerpo está sufriendo mucho más de lo que imaginas cuando es un solo pensamiento el que puede desencadenar una sobrecarga de síntomas relacionados con el estrés.

Por suerte, hay formas de reducir la preocupación excesiva y crear hábitos que pueden aumentar la productividad en tu vida, para que no caigas en esta trampa viciosa.

Habilidades eficaces para dejar de preocuparse

Nos centraremos únicamente en cómo conseguir que dejes de preocuparte.

Sin embargo, ten en cuenta que para hacer frente o dejar de

preocuparte por completo, necesitarás motivación, tiempo, paciencia y mucha práctica.

No sucederá de la noche a la mañana, pero hay luz al final de esta pesadilla SI te mantienes constante y dedicado a entrenar tu mente preocupada y perturbada.

Independientemente de los estudios o investigaciones "científicas" que consisten en lo que ocurre en el cerebro, cuanto más practiques hábitos saludables para mantenerte alejado de los patrones negativos, más desarrollado estará tu cerebro y, finalmente, tu mente establecerá nuevas conexiones y manejará instintivamente las situaciones relacionadas con la preocupación de forma productiva.

En primer lugar, hablaremos de las distorsiones cognitivas y de por qué puede ser difícil quitárselas de la cabeza.

Una vez que entendamos por qué parecemos incapaces de salir de nuestro estado de preocupación, podremos empezar a practicar las técnicas teniendo en cuenta estas distorsiones.

Las distorsiones cognitivas son patrones de pensamiento irracionales provocados por hábitos a largo plazo y falsas creencias que nos decimos a nosotros mismos para controlar miedos o ansiedades.

Sin embargo, tenemos que darnos cuenta de que estas creencias (puedes pensar que eres incapaz de manejar algo cuando en realidad sí puedes hacerlo) no son más que "mantas de seguridad" o "redes de protección" irracionales e innecesarias que creamos en nuestra mente para sentirnos mejor.

El resultado es la trampa mental de la preocupación excesiva. A continuación expondremos algunos ejemplos de distorsiones cognitivas:

• **Pensamiento de todo o nada:**

Esto es pensar en blanco y negro. No hay término medio ni compromiso. *Alguien me dijo que soy un fracasado, así que debe ser verdad.*

• **Sobregeneralización:**

Pensar que un resultado rige todos los resultados.

No conseguí el trabajo, así que no soy lo suficientemente bueno y nunca conseguiré un trabajo.

• **Pensar solo en negativo, evitando lo positivo:**

Es cuando no te permites ver lo positivo de una situación y solo te centras en los aspectos negativos.

Debo de ser muy tonto, porque la única pregunta que he respondido mal es la última.

• **Poner excusas de por qué no importan las circunstancias positivas de un acontecimiento:**

Aunque hayan ocurrido cosas positivas, las ves y sigues poniendo excusas.

Me fue muy bien en la entrevista ante la empresa, pero probablemente solo tuvieron un buen día, así que no conseguiré el trabajo.

• **Esperar lo peor:**

Exageras los resultados o te dices a ti mismo que va a ocurrir algo horrible.

El tren ha llegado tarde. Eso debe significar que se ha averiado y ahora todo se retrasará. No podré llegar a tiempo a mi reunión, lo que significa que me despedirán.

- **Hacer predicciones falsas y negativas:**

Predices que algo en el futuro, sin pruebas, ocurrirá realmente. *Sé con certeza que algo malo va a ocurrir.*

- **Tener creencias sobre lo que "debería" y lo que "no debería" ser:**

Cuando no sigues tus propias creencias de lo que debería o no debería pasar, te menosprecias. *Debería haber sabido que eso iba a pasar. No puedo hacer nada bien.*

- **Etiquetarte a ti mismo en función de tus fracasos:**

Por algo que hiciste mal o por haberte decepcionado a ti mismo o a otra persona, puedes pensar: *No merezco una segunda oportunidad porque siempre hago esto. Soy una vergüenza.*

- **Asumir que eres responsable de cosas que no puedes controlar:**

Es mi culpa que se rompiera el jarrón de mi abuela; debería haber vigilado a mi hijo y haber tenido más cuidado.

Entonces, ¿por qué es tan difícil dejar de obsesionarte con tus preocupaciones?

Puede que no seas del todo consciente de que estás pensando con estas distorsiones cognitivas. Muchas personas empiezan a pensar así mucho antes de que aparezcan los resultados de la preocupación excesiva o los "trastornos".

Crees que preocuparte te ayudará a resolver un problema o te prevendrá de acontecimientos futuros que desconocías.

Sin embargo, la preocupación no te lleva a ninguna parte, y lo único que puedes hacer es practicar habilidades eficaces para alejarte de este pensamiento incontrolable y negativo.

Dejar de preocuparse es esencial porque significa que puedes abandonar la idea de que preocuparse sirve para algo positivo.

Cómo dejar de preocuparse para siempre

Se ha demostrado que preocuparse provoca más noches inquietas o de insomnio, ataca al sistema inmunitario, aumenta las probabilidades de desarrollar TEPT e incrementa el riesgo de morir a una edad más temprana.

El pensamiento que subyace a la preocupación y que causa tanta ansiedad es que la gente no puede aceptar una simple verdad: **no** tenemos **control** sobre ciertas cosas que ocurren en nuestras vidas.

La principal razón por la que la mayoría de la gente se preocupa es porque, o bien cuestionan cada elección o decisión que toman, o bien no pueden aceptar que no tienen el control, por lo que se vuelven perfeccionistas o "fanáticos del control" para sentirse mejor.

Sin embargo, ¿la necesidad de controlar o perfeccionar todo realmente te hace sentir mejor? Si tu respuesta es no, echa un vistazo a estas formas con las que **puedes** controlar tu mente de forma **positiva**:

1. Establece un "tiempo de preocupación"

Al establecer un momento concreto para preocuparte, practicas cómo decirles a tus preocupaciones que no tienes tiempo ahora mismo, pero que tendrás tiempo más tarde para abordar los problemas.

Asegúrate de que este "tiempo de preocupación" no sea justo antes de acostarte o en medio de un momento ajetreado del día, como preparar la cena. Asegúrate de que no dure más de una hora. Así tendrás tiempo suficiente para abordar todas tus preocupaciones y encontrar soluciones eficaces.

Termina tu "sesión de preocupaciones" con meditación o ejercicios de respiración consciente.

Reconoce el pensamiento o la preocupación

Cuando surja una preocupación durante el día que no puedas dejar escapar, anótala y reconócela. No intentes evitar el pensamiento o apartarlo, ya que esto solo lo empeorará y lo hará "más fuerte".

Acepta que la preocupación puede no ir a ninguna parte y sigue adelante.

No te obsesiones demasiado con ella, simplemente reconoce que está ahí. Cuando estés en tu "tiempo de preocupación", mira las notas que escribiste a lo largo del día y evalúalas primero.

Anota y selecciona las preocupaciones

Lleva un diario. Esto es eficaz porque cuando intentamos pensar en nuestras preocupaciones durante un día ajetreado, lo más probable es que estemos pensando de forma ilógica o irracional.

Cuando escribimos nuestras preocupaciones en un diario, no solo podemos desahogarnos, sino también ver los patrones de nuestro pensamiento para eliminar los pensamientos negativos y sustituirlos por otros positivos.

También nos ayuda a ver nuestras preocupaciones como un todo, para saber mejor qué hacer a continuación.

2. Practica Mindfulness

El mindfulness es cuando te permites intencionadamente estar en el momento presente.

Es por ejemplo, mirar los colores rojos y contar cuántas cosas de la habitación son rojas (o de cualquier otro color).

Si estás bebiendo o comiendo algo, es estar completamente presente con el sabor, la textura, el olor y la vista de lo que estás consumiendo.

Así que, en un sentido más profundo, cuando surja una preocupación, no la analices, no la juzgues, no te pongas ansioso por ella, simplemente comprende que esa preocupación es solo un pensamiento y eso es todo lo que es.

No hay ninguna acción que debas emprender; no hay sentimientos que debas asociar a ese pensamiento; no hay nada que debas hacer con él, excepto ser consciente de que está ahí.

Si tienes problemas con esto, busca ayuda terapéutica profesional o busca videos en Internet que te guíen a través de este proceso.

3. Practica ejercicio físico

Numerosos estudios provenientes de diversas fuentes y prácticamente todo lo que leas te dirá que los trastornos mentales pueden provenir del intestino.

Cuando comemos mejor y más sano, tenemos más energía. Cuando tenemos más energía, podemos descubrir formas productivas de liberarla, como hacer ejercicio y entrenar.

Sal a correr de forma consciente, toma una clase relajante de yoga o haz abdominales y ejercicios en la comodidad de tu propia casa, como correr en el sitio, sentadillas y flexiones. Puede ser una buena idea apuntarte a clases de boxeo o practicar algún deporte.

Además, al hacer que tu sangre fluya y tu corazón bombee, tendrás menos energía mental para centrarte en las muchas preocupaciones que se te pasan por la cabeza, lo que también te ayudará a dormir mejor por la noche.

4. Identifica lo que está fuera de tu control

Esto funciona mejor cuando tienes un terapeuta u orientador que te ayude, pero en caso de que quieras intentarlo por tu cuenta por cualquier motivo, busca lo que puedas controlar y deja ir lo que no puedas.

Por ejemplo, no puedes controlar el comportamiento de otra persona, pero sí puedes controlar cómo reaccionas y lo que percibes de sus palabras o acciones.

Comprende que, en la mayoría de los casos, solo puedes controlar cómo reaccionas o te comportas en situaciones o cuando te enfrentas a otra persona.

5. Evalúa tus miedos

Cuando tus preocupaciones se vuelvan excesivas, haz una pausa y busca la raíz de esa preocupación. La mayoría de las veces, proviene del miedo a que algo vaya a ocurrir. Tus miedos suelen provenir de preocupaciones que aún no has reconocido.

Pregúntate: "¿Estoy prediciendo el futuro? ¿Estoy dudando de que seré capaz de manejar lo que suceda a continuación?".

La mayoría de las veces subestimamos nuestra capacidad de controlarnos y manejar las situaciones. A veces solo tienes que enfrentarte a los miedos, desafiar tus pensamientos y dejar que pase lo que tenga que pasar.

La mayoría de las veces, verás que las circunstancias no eran tan malas como pensabas.

6. Practica la meditación

La meditación es una de las estrategias de relajación más eficaces. Cuando estamos relajados, es más fácil para nuestro cerebro desconectar y apagarse durante un rato.

La mayoría de las prácticas de meditación se centran en la respiración.

A través de la meditación, puedes aprender a respirar eficazmente, desde dónde hacerlo y ser más consciente de tu respiración cuando estás fuera de casa.

Aunque es posible que la meditación no te sirva de nada ahora mismo si esperas un alivio inmediato, te aseguro que con el tiempo te sentirás más en paz.

No se trata de un remedio rápido para calmarte, sino de una solución eficaz y a largo plazo para entrenar tu mente a manejar mejor las situaciones estresantes.

Una mente tranquila y en paz es un alma feliz y en calma. Cuando nuestras almas están en paz, nuestras vidas también lo están.

7. Desarrolla un diálogo interno positivo

Cuando tienes una mente inquieta y preocupada, generalmente significa que no te estás dando crédito por las cosas estresantes que has superado antes.

Desarrolla este pensamiento cuando te entre el pánico: *Ya he superado situaciones más duras y peores que esta, así que soy totalmente capaz de manejar lo que estoy afrontando ahora.*

Intenta sustituir tus pensamientos de duda por mantras saludables para obtener un alivio rápido en el momento. Si te sorprendes diciendo: "No sé si puedo hacerlo", sustitúyelo por: "Sé que puedo".

Cuando te sorprendas pensando: "Espero que tal persona no me juzgue", sustitúyelo por: "Tengo confianza" o "Soy resiliente". Aunque no creas en las cosas positivas que te dices a ti mismo, cuanto más tiempo y con más frecuencia las pienses, más desarrollará tu mente estas formas positivas y menos probable será que tus preocupaciones sean negativas.

8. Reemplaza tus preocupaciones por verdades

Cuando te preocupes por el pasado o el futuro, reemplaza estas preocupaciones por: "*Todo lo que tenemos es el ahora; no puedo controlar el ayer y no puedo predecir el mañana*".

Al sustituir tus preocupaciones o miedos por la verdad, te encontrarás capaz de mantener la calma en el momento presente.

La mayoría de las veces, nos preocupamos por cosas que están fuera de nuestro control, intentamos predecir el futuro o nos estresamos demasiado por lo que está ocurriendo ahora mismo.

Si estás en una reunión y tu mente empieza a preocuparse por cómo te va a ir o por lo mal que lo vas a hacer, dite a ti mismo: "Mírame, hasta ahora lo estoy haciendo bien. Si meto la pata, podré arreglarlo".

Reforzando los pensamientos positivos y sustituyendo las preocupaciones por la verdad, notarás gradualmente una disminución de tus ansiedades. Con el tiempo, este enfoque se vuelve más natural, como una segunda naturaleza.

Es importante recordar que se trata de un viaje, no de una carrera corta. Por lo tanto, ten paciencia y acepta cada pequeño paso que des para controlar tus preocupaciones.

Estás en el camino hacia un estado mental más tranquilo y equilibrado, y eso es algo de lo que debes estar orgulloso. ¡Sigue avanzando, tú puedes!

9. Los "y si…" no importan; los "cómo puedo…" sí

Cuando te estreses con pensamientos como: "¿Y si se quema la casa?" o "¿Y si no desenchufo la lámpara de lava?" o "¿Y si se me olvida algo?". Cambia de perspectiva.

Pregúntate: "¿Qué probabilidades hay de que se queme mi casa? ¿Cómo puedo solucionar el problema de la lámpara de lava? ¿Qué medidas puedo tomar si olvido algo?".

¿Ves la diferencia cuando cambias el "y si…" por el "cómo puedo…"? La mayoría de las veces nuestras preocupaciones del tipo "y si…" son exageradas, irracionales y a veces incluso ilógicas.

10. Acepta lo desconocido

Lo desconocido es algo a lo que todos nos enfrentamos. Es como pensar y estresarse por cosas que no podemos controlar porque no sabemos lo que va a pasar. Es mucha la gente que NECESITA saberlo todo y planificarlo todo. Intenta desarrollar la estrategia de simplemente ser. Debes comprender que sucederán cosas inesperadas, así que espera lo mejor y no esperes mucho más que eso.

En conclusión, nuestras preocupaciones derivan en miedos, que nos provocan ansiedad. Cuando nos ponemos ansiosos, nos olvidamos de usar nuestra mente lógica, y entonces nuestras preocupaciones toman el control y nos llevan a una espiral de pensamientos descontrolados.

Al desarrollar y mejorar estas estrategias eficaces para dominar tu mente y manejar el exceso de preocupación, notarás que tu ansiedad disminuye y serás capaz de "controlar" más cosas a tu alrededor, incluido a ti mismo.

PASO 3: LIDIANDO CON PENSAMIENTOS NEGATIVOS

Los pensamientos negativos son parecidos a las preocupaciones y a pensar demasiado, excepto que la mayor diferencia es que en este caso simplemente eres negativo. Claro que puedes preocuparte, pero lo que ocupa la mayor parte de tu mente y tus pensamientos son las cosas negativas que te dices a ti mismo. Lo que tienen en común el pensamiento negativo y la preocupación es que ambos requieren ser reconocidos.

Como se ha dicho en el capítulo anterior, no puedes esperar a que los pensamientos negativos desaparezcan, apartarlos, ignorarlos o fingir que no son tan malos. ¿Por qué? Porque empeorarán. Es como un hermano molesto: te molestará una y otra vez hasta que te enfades o te enfrentes a él.

Entonces, ¿cómo se afrontan exactamente los pensamientos negativos? Tienes que reconocer que están ahí y prestarles atención. Analízalos y encuentra la raíz de su origen.

Lo cierto acerca de evitar algo es que no importa lo que estés queriendo evitar o lo mucho que intentes hacerlo, o bien desaparece y vuelve, o se vuelve más dominante y dura más tiempo.

Por ejemplo, si te dices a ti mismo: "No voy a ser como 'fulanito de tal'", o "Nunca seré o haré 'tal cosa'", y luego haces todo lo que está en tu alcance para evitar ser o actuar de determinada manera o como una persona determinada, sin embargo puede que se cierre el círculo sin que te des cuenta.

Es posible que termines haciendo lo que dijiste que nunca harías o actuando como la persona a la que dijiste que nunca imitarías. Los pensamientos negativos funcionan así, así que deja de evitarlos. Una forma más eficaz de manejar los pensamientos negativos es observarlos. Si piensas: "No soy lo bastante bueno y nunca lo seré", lo único que tienes que hacer es ser consciente de tu pensamiento.

No lo juzgues como negativo o positivo. No lo cuestiones ni lo definas. Simplemente reconócelo. Una vez que te hayas tomado un momento para ver y sentir este pensamiento negativo, explóralo. Observa lo que ocurre en tu vida y contigo mismo.

Tal vez el sentimiento de no ser lo suficientemente bueno proviene del hecho de que has fracasado en cosas que intentabas hacer o en el trabajo que intentabas conseguir.

Encuentra la razón y desafíala: "No conseguí el trabajo que quería, así que es justo pensar que no soy lo bastante bueno, pero eso no significa que no haya otras oportunidades en el mismo campo. Siempre puedo explorar otras opciones si quiero".

Una vez que hayas observado, te hayas detenido un momento, hayas identificado el pensamiento y hayas explorado por qué pensabas eso, comprueba cómo te sientes después de haber dado estos pasos.

Probablemente, te sentirás más productivo e incluso mejor.

Lo que acabo de explicar se llama **Terapia de aceptación y compromiso** (**ACT**). Si lo has notado, lo mejor de esta terapia es que no ignoras ni cambias tus pensamientos.

En lugar de eso, cambias tu forma de verlos y de reaccionar ante ellos. Además de ACT, hay otras pequeñas cosas que puedes hacer para disminuir los pensamientos negativos:

Cambia tu enfoque hacia algo positivo

Si te centras en memes divertidos, buscas frases graciosas o hablas con una persona de influencia positiva, tu atención no estará tan centrada en tus pensamientos negativos.

Esto no significa evitarlos, sino simplemente cambiar tu enfoque hasta que tengas tiempo para abordarlos más tarde.

Concéntrate en cambiar tu mente hacia recuerdos felices o cualquier cosa que te haga sonreír.

Practica el amor propio

Alguien cercano a mí solía decir: "Cuando trabajes y recibas tu sueldo, guarda el 10% o usa ese 10% en algo para ti".

Comencé a hacerlo y poco a poco me empecé a sentir mejor. Siempre estamos tan preocupados por pagar las facturas, el alquiler, la comida o cuidar de los demás, que nos olvidamos de nosotros mismos.

El amor propio consiste en tratarte como tratarías a tus amigos íntimos o a un familiar. Cuando tus pensamientos negativos persistan, responde a ellos como lo harías si alguien cercano a ti te dijera estas cosas.

Deja de cambiar comportamientos o hábitos para apaciguar tu negatividad

Es posible que hayas desarrollado un comportamiento evasivo como resultado de intentar evitar que se produzcan tus pensamientos negativos. Cuando tus pensamientos negativos surgen de la nada o son provocados por un desencadenante, se denominan pensamientos intrusivos. Un ejemplo de cambio de conducta que implique pensamientos intrusivos puede parecerse a uno de estos:

Si experimentas pensamientos violentos en torno a los cuchillos o cuando tienes un cuchillo en la mano, entonces te deshaces de todos los cuchillos o simplemente no los tocas nunca.

Si experimentas pensamientos intrusivos en torno a niños, puedes limitar tu interacción con ellos, tener mucho cuidado al mirarlos e incluso evitar cambiarlos o bañarlos.

Si alguna de estas opciones te parece adecuada, tienes que dejar de hacerlo. Cuanto más alimentes el miedo a que ocurra algo en torno a tus pensamientos intrusivos, más se apoderarán de ti y acabarán empeorando, hasta el punto de que es posible que evites salir de casa.

Cuando dejes de hacerlo, descubrirás que tus pensamientos no te controlan y que desaparecerán por sí solos, ya que es tu forma de "demostrarles que están equivocados", en cierto sentido.

Tus pensamientos no van a obligarte a hacer nada, puesto que no son más que palabras y frases mezcladas para perturbar tu mente. Solo tú defines lo que harás con tus acciones.

Lo que ocurre en la mente con nuestros pensamientos negativos

En el *Journal of Clinical Psychology* se publicó un estudio sobre los efectos de la preocupación y los pensamientos negativos en torno a una tarea. Se indicó a los participantes que clasificaran los objetos en dos grupos.

Los individuos que se preocupaban el 50% del tiempo (o más) demostraron una mayor dificultad para clasificar los objetos en estas dos categorías.

Este estudio muestra cómo el pensamiento negativo debilita la capacidad de procesar información, así como la capacidad de pensar con claridad.

Esto significa que pensar negativamente sobre los problemas no resuelve nada y, de hecho, puede dificultar las cosas debido a los patrones de pensamiento poco claros que rodean al pensamiento negativo.

Amígdala

La mayoría de las veces, las personas no pueden controlar sus patrones de pensamiento negativos, y esto se debe a que, durante largos periodos de tiempo, nuestro cerebro se moldea y cambia en función a la forma en que pensamos y percibimos las cosas. La amígdala, de la que hablamos en el capítulo anterior, es donde el cerebro almacena las experiencias negativas y es responsable de la respuesta de "lucha, huida, congelación".

Aquí tenemos un buen ejemplo de cómo entra en juego la amígdala: una persona normal que se encuentra atrapada en un atasco de tráfico podría estresarse debido al nivel de amenaza para su seguridad, si va a llegar tarde al trabajo o a recoger a alguien, o si hubo un accidente automovilístico delante.

La "amenaza" no les parece tan amenazante, más bien es una molestia donde pueden convencerse fácilmente de que no va a suceder nada malo.

Por otro lado, para alguien que se encuentra exactamente en esta misma situación y que ha estado expuesto previamente al estrés que rodea a un atasco de tráfico, un accidente de coche o cualquier experiencia negativa relacionada con esta circunstancia, la amígdala enviará señales al cuerpo como si esta persona estuviera en el modo de lucha o huida.

Debido a las experiencias negativas que se acumulan en la amígdala, esta parte del cerebro no puede distinguir entre las falsas amenazas y las amenazas reales, por lo que se pone a toda marcha. Esto ocurre por el uso excesivo de pensamientos negativos durante largos periodos de tiempo.

Tálamo

El tálamo es responsable de las señales sensoriales y motoras del cerebro. Envía estas señales al resto del cuerpo, pero no puede descifrar la diferencia entre el peligro real y las falsas alarmas.

La amígdala y el tálamo trabajan juntos para crear o disminuir las respuestas de estrés al resto del cuerpo en función de la forma en que piensas o controlas tu pensamiento.

Las falsas alarmas son el aviso de la amígdala al tálamo de que hay peligro. Entonces, el tálamo envía señales de adrenalina al resto del cuerpo para que se prepare para luchar o huir del peligro que el cerebro está señalando.

Puede surgir de la nada y solo se produce en función de los patrones de pensamiento negativos que se han ido acumulando a lo largo del tiempo.

Cambios en el cortisol

El cortisol es el componente cerebral del estrés. Controla el estado de ánimo, la motivación y el miedo. Los aumentos más elevados de cortisol se derivan de trastornos mentales, como la ansiedad, la depresión, el TDAH, el TEPT y otros trastornos del estado de ánimo.

Las personas que padecen trastornos mentales, en comparación con las que no los padecen, muestran niveles más elevados de hormonas cortisol, razón por la cual a estas personas les resulta mucho más difícil calmarse.

Hay otras anomalías en sus cerebros, como la materia blanca y la materia gris. La materia gris es **donde** se procesa la información, y la materia blanca es **cuando** las neuronas de su cerebro **conectan** esta información a donde tiene que ir en el cerebro.

El estrés crónico, el aumento de los niveles de cortisol y los bajos niveles de dopamina y serotonina contribuyen a la producción de más conexiones de materia blanca.

Cuando la materia blanca y la materia gris están equilibradas, las partes del cerebro responsables del estado de ánimo y de los recuerdos, como el hipocampo, no se alteran, lo que se traduce en menos "disparadores" del tálamo enviando señales de falsa alarma al cuerpo.

Puedes equilibrar esta materia blanca y gris al practicar el pensamiento positivo, cambiando tus hábitos negativos. Entrenarías a tu cerebro de esta manera, recompensándote por tu buen comportamiento y creando técnicas de autodisciplina.

Por ejemplo, si te da miedo caminar solo hasta la tienda, disciplínate caminando solo hasta la mitad del trayecto y hablando por teléfono el resto del camino, todo el tiempo diciéndote a ti mismo que puedes hacerlo y que no te da miedo.

Recompénsate cuando consigas pequeños logros hacia tu

objetivo y, con el tiempo, ofrécete una gran recompensa cuando finalmente vayas y vuelvas solo de la tienda.

Eliminar la toxicidad

El pensamiento negativo tiene que ver sobre todo con la forma en que vives tu vida. Si estás rodeado de influencias positivas, es más probable que desarrolles un pensamiento positivo.

Sin embargo, si te rodeas de entornos negativos y personas tóxicas, entonces es más probable que desarrolles pensamientos y sentimientos negativos.

¿Alguna vez te has sentido tenso sin ninguna razón, o sin ninguna razón aparente?

Tal vez hayas aceptado que eres una persona tensa y que te resulta imposible relajarte.

Esto se debe a que te has acostumbrado a la toxicidad en tu vida. La toxicidad viene de todas partes y de casi todo, si no tienes cuidado.

Puedes estar en una relación tóxica, ser inquilino de un casero tóxico, trabajar para un empleador tóxico o ser el mejor amigo de una persona tóxica.

Sea lo que sea, debes averiguar si estás en una situación tóxica y empezar a tomar medidas para alejarte de ella.

Aquí tienes siete medidas que puedes tomar para eliminar la toxicidad de tu vida:

1. Analiza tu situación

Analiza tus circunstancias para encontrar la raíz de la toxicidad. Por ejemplo, averigua cuándo fue la última vez que te sentiste en paz, aunque solo fuera un momento.

¿Fue en casa de tu madre? ¿En qué estabas pensando en ese momento? ¿Dónde se encuentra el lugar en donde te sientes feliz? ¿Qué sientes cuando estás en armonía interior?

A continuación, averigua en qué situación de tu vida te encuentras ahora mismo, qué te falta para tener esa paz interior.

Si la negatividad proviene de la persona con la que vives, averigua qué tiene esa persona que es tan negativa y cómo puedes liberarte de ella. Si la negatividad se debe a que estás tenso o estresado por tu casero, averigua cómo puedes liberarte de su apego a ti o de tu apego a él.

Sea cual sea la toxicidad, debes actuar de inmediato. Si lo dejas para más tarde, solo conseguirás más miedo relacionado con la toxicidad.

2. Reemplaza lo negativo por lo positivo

Una vez identificadas las situaciones tóxicas de tu vida, es hora de reemplazar esas circunstancias negativas por otras positivas.

Por ejemplo, si te sientes estresado en casa y te cuesta sentir alivio, acostúmbrate a salir a correr o a hacer algo gratificante para ti cada día. Puede ser comprarte tu café favorito o ir al parque para perros o a la playa.

Si tu círculo social te está aportando toxicidad, entonces es el momento de acudir a Internet y conocer a otra gente. Si te resulta difícil conocer gente, recuérdate a ti mismo que rodearte de influencias positivas te ayudará a encontrar el sentido de ser quién eres y quién quieres ser.

Intenta ver el vaso medio lleno, en lugar de medio vacío. Tal vez sea tu lugar de trabajo donde te sientes más estresado. Si es así, empieza a buscar otro trabajo o dedica tiempo a hobbies después del trabajo que satisfagan tu deseo interior.

3. Encuentra tu propósito

Encuentra la positividad en tu vida, aunque sea por algo pequeño. Si tus amigos no apoyan tus sueños o parece que estás rodeado de personas egoístas que te "chupan la sangre", lo positivo de todo esto es que tú no eres egoísta.

Si crees que no te dan importancia, solo significa que tienes más empatía de la que te atribuyes, y que puedes empatizar contigo mismo y con los demás para ver lo positivo.

Cuando te despiertes, da las gracias por haberte levantado un día más y no estar en el hospital con una enfermedad. Cuando comas una buena comida, agradece el hecho de haber comido algo hoy.

Muchas veces olvidamos que muchas otras personas están sufriendo mucho más que nosotros. Olvidamos los beneficios que tenemos y damos por hecho hasta las cosas más pequeñas.

Da gracias por haber querido comprar este libro y haber podido permitírtelo: significa que quieres aprender y hacer grandes cambios. Cambia tu perspectiva y vive una vida llena de gratitud, ya que algunas personas no tienen este beneficio.

4. Encuentra tu pasión y tu deseo

La razón por la que la mayoría de la gente adopta pensamientos negativos y preocupaciones excesivas, derivadas de sobrepensar, es porque en realidad no están viviendo una vida que merecen o aman.

Si estás trabajando en un ambiente o incluso en un trabajo que odias, pero la razón por la que lo haces es porque te paga las facturas, entonces no estás viviendo una vida apasionada. Piensa en las cosas que haces y que a otras personas les resultan difíciles.

¿Eres bueno escribiendo? ¿Se te da bien comunicar? ¿Tienes un talento natural para la repostería o la cocina?

Cualquier cosa que se te dé bien y que no te suponga ningún esfuerzo es la dirección en la que tienes que empezar. Encontrar tu pasión y esforzarte por ser mejor te llenará de autocompasión y empezarás a sentirte más feliz, lo que se traducirá en la eliminación de la toxicidad. Cuando haces lo que amas, nada más importa porque es algo que haces y siempre esperarás hacer con ansias.

5. Prémiate a menudo

Como hemos comentado en el capítulo anterior, la dopamina es la sustancia química del cerebro que libera endorfinas, lo que te hace sentir bien.

Es importante que te premies, incluso por las pequeñas cosas, ya que liberas dopamina.

Cuando te despiertes y te sientas agradecido, reconoce este sentimiento y prémiate con un simple: "Buen trabajo, me he despertado sintiéndome agradecido por... seguiré practicando esto".

Estas palabras positivas que te dices a ti mismo, pueden fomentar niveles más altos de dopamina, lo que crea un hábito saludable para ser más positivo.

Además, al premiarte, disfruta tomándote un descanso. Cuando la vida se vuelva demasiado estresante o sientas que pierdes el control, tómate un momento consciente para evocar un sentimiento o un recuerdo feliz y disfruta de ese momento como si nada más existiera o importara.

Todo lo demás puede esperar porque lo más importante en este mundo es ser feliz. Cuando eres feliz, el mundo te sonríe.

Sal a pasear a menudo por la naturaleza, así tu cerebro percibe las imágenes y los olores de sensaciones naturales y sanadoras.

6. Acepta tus errores

Recuérdate a ti mismo que no habrá un cambio inmediato. El cambio le ocurre a muchas personas, y cuanto más practiques, mejor serás. A veces el cambio no es tan perceptible como nos gustaría que fuera.

Por ejemplo, recuerdo que era negativo y no creía que fuera a mejorar. Empecé a cambiar mi vida y mi entorno. Desarrollé mejores hábitos alimenticios, empecé a caminar a paso ligero todos los días e intenté ser consciente de mis patrones de pensamiento a lo largo del día.

Cada vez que me venía un pensamiento negativo a la cabeza, tomaba consciencia de él y lo desafiaba cuestionándolo con la verdad y la reflexión. La situación en la que estaba viviendo no me ayudaba y no sentía que mejorara, así que me mudé y desarrollé un sentido de hogar en mi nueva casa. No me di cuenta de nada hasta que volví a visitar a los compañeros de piso con los que solía vivir; estaban en las mismas de siempre y me di cuenta en ese momento que me había hecho más fuerte y no pensaba en absoluto como solía hacerlo cuando vivía con ellos.

Como ves, los cambios no son fáciles y pueden pasar desapercibidos, pero suceden. Todo el mundo tiene días malos, así que, en esos días, ten paciencia contigo mismo y acepta que es completamente normal tener uno, dos o incluso tres días malos seguidos.

Acepta que los errores ocurren y que el fracaso es la única forma de seguir adelante. No aprendemos de nuestros hábitos saludables, sino que aprendemos cometiendo esos errores, ya que nos enseñan algo nuevo cada vez y nos recuerdan por qué debemos desarrollar hábitos saludables.

7. Busca ayuda profesional

Cuando nada parece ir bien, sigues cometiendo errores y sientes que has caído más bajo que cuando habías empezado, a veces, la ayuda profesional puede ser la mejor opción.

Terapeutas, médicos, naturópatas o consejeros clínicos, pueden indicarte el camino correcto y darte técnicas de afrontamiento útiles para que puedas empezar a ser positivo.

A menudo, la ansiedad u otros trastornos del estado de ánimo se apoderan de nuestra mente, y se hace más difícil levantarse y querer intentarlo cada día. Así que quizá el problema de fondo no sean tus pensamientos, sino algo más profundo. Solo un profesional podrá desatascarte y dirigirte hacia el camino que deseas.

Es crucial eliminar la toxicidad de nuestras vidas porque puede agobiarnos y desencadenar más pensamientos negativos. Cuando no eliminamos o no nos esforzamos por eliminar la toxicidad, no nos damos la oportunidad de tener éxito.

PASO 4: CÓMO CONTROLAR Y ELIMINAR LOS PENSAMIENTOS NEGATIVOS EN POCOS MINUTOS

Algo que tiene en común el sobrepensamiento, la preocupación y el pensamiento negativo es que todos son parloteo o ruido mental. Son pensamientos que perturban nuestra paz interior y exterior. Independientemente de las razones científicas que los justifiquen, se trata de ruido mental que se va incrustando en la mente con el paso del tiempo.

La mayoría de las veces, es incontrolable (o creemos que es incontrolable) y suele surgir de la nada cuando nos encontramos en una situación mental y/o física de la que parece que no podemos salir.

Sin embargo, los pensamientos y el parloteo mental pueden ser algo bueno cuando se utilizan para cosas productivas, como planificar, estudiar y analizar.

Es cuando los pensamientos no tienen un botón de apagado que dificulta conciliar el sueño o permanecer dormido e intensifica el estrés, la preocupación, la ira u otros sentimientos incómodos.

Ya hemos hablado en los capítulos anteriores de lo que implica cada uno de estos parloteos mentales, pero aquí tienes un resumen de lo que son y cómo identificarlos:

• Pensamientos negativos o constantes preocupaciones que se vuelven repetitivos;

• Revivir o repetir imágenes o "películas" que giran en torno a experiencias o miedos pasados;

• Preocuparse por el pasado o temer las incertidumbres desconocidas, que nos distraen del momento presente;

• Incapacidad para centrarnos en conversaciones en el presente porque nuestra mente está constantemente pensando en demasiadas cosas, como tareas que tenemos que hacer;

• Preocupación constante por lo que la gente piensa de nosotros, por lo que nos esforzamos por alcanzar la perfección. Nuestras perfecciones nunca parecen lo suficientemente buenas porque nuestro parloteo mental nunca nos permite alcanzar estos objetivos;

• Pensamiento involuntario y ensoñación. Analizamos en exceso cada situación y nos estresamos por las cosas de las que no estamos seguros por miedo al futuro y porque pensamos demasiado en lo que no podemos cambiar.

Este tipo de patrones de pensamiento no son saludables, y

por eso las personas afectadas parecen cansadas y agotadas el 90% del tiempo.

En este capítulo te explicaré cómo puedes disciplinar tu mente para que desactive este tipo de parloteo mental. Te enseñaré a reiniciar tu mente para que puedas descansar mejor por la noche y conseguir un poco de silencio cuando quieras relajarte.

Una de las principales formas de apagar el ruido mental es aguantar, aprender y practicar ejercicios de concentración. Al igual que todas las demás técnicas que se explican en este libro, no va a suceder de la noche a la mañana, pero cuanto más practiques, más tranquila estará tu mente. Con el tiempo, encender y apagar nuestros pensamientos como si tuviéramos un interruptor se convertirá en algo natural.

Calma tu mente

Calmar la mente es una habilidad especial que requiere determinación, constancia y paciencia. La razón por la que es beneficioso aquietar tu mente es porque son muchas las ventajas que se derivan de tener paz en tu interior.

Cuando encuentres la paz en tu interior, te resultará más fácil encontrarla fuera de ti, en todas las situaciones y entornos de los que te rodees. El objetivo de la paz interior y de una mente tranquila no es dejar de pensar, sino superar las barreras en las que tu mente te mantiene atrapado.

Aquí tienes cinco secretos para encontrar la paz interior y calmar tu mente:

1. Escucha y observa el ruido mental que te producen tus pensamientos

Observa tus pensamientos sin etiquetarlos. Si aparece un pensamiento intrusivo y perturbador como "Ojalá fuera lo bastante bueno" o "Quiero hacerme daño", no lo juzgues ni lo etiquetes como bueno, malo, aterrador, amenazador ni nada negativo.

Date cuenta de ello y permítele estar ahí. No lo alejes ni lo evites. No pienses de dónde viene, simplemente acepta que está ahí. Cuando haces esto, debilitas el poder que tus pensamientos tienen sobre ti y ganas control sobre ti mismo y tus preocupaciones.

2. Desafía tus pensamientos de forma consciente y deliberada

Esta técnica gira en torno a la terapia cognitivo-conductual. Muchos psicólogos apuestan por este método porque significa que puedes controlar o alterar tus pensamientos en otra dirección y crear nuevos patrones o hábitos de la forma en que interactúas con tus pensamientos. Recuperas el control desafiándolos.

Empieza por preguntarte sobre tus pensamientos. Si piensas que no eres lo bastante bueno, pregúntate de dónde viene ese pensamiento. ¿Estás sacando conclusiones precipitadas? ¿A cuál de las distorsiones cognitivas pertenece este pensamiento?

A continuación, busca lo positivo. ¿Qué ha ocurrido en tu vida que te hace sentir que no eres lo suficientemente bueno? Encontrar la raíz del pensamiento, de dónde proviene, puede ayudarte a recuperar el control, ya que puedes sustituirlo por la verdad.

3. Concéntrate intencionadamente en tu respiración

A menudo nos ponemos ansiosos, preocupados o activamos nuestras "falsas alarmas" porque no respiramos correctamente.

Cierra los ojos y concéntrate en el origen de tu respiración: el estómago, el pecho o la nariz. A continuación, trata de notar tu respiración sin cambiarla.

Una vez que sepas de dónde viene tu respiración y cómo respiras, podrás concentrarte en hacer respiraciones largas y profundas. Cuenta hasta cinco segundos al inhalar, aguanta tres segundos y exhala entre cinco y siete segundos. Repítelo hasta que te sientas más tranquilo, y luego vuelve a la respiración normal antes de abrir los ojos de nuevo.

4. Escucha música tranquila que te relaje y motive

La música es uno de los mejores sanadores que existen. Cuando nos identificamos con el cantante, se convierte en nuestro artista favorito y nos sentimos más tranquilos sabiendo que canta sobre algo que tiene un significado para nosotros.

Si lo tuyo es lo instrumental, presta atención al ritmo y al sonido de los instrumentos.

Cierra los ojos e intenta concentrarte en los sonidos de fondo que no hayas percibido antes. Intenta nombrar los instrumentos y memorizar la melodía.

5. Haz ejercicio con regularidad

Cuando hacemos ejercicio a diario, se liberan esas sustancias químicas que "nos hacen sentir bien" de las que hablábamos antes.

Cuando se libera dopamina, es más fácil que nuestro cerebro produzca más serotonina, lo que nos permite sentirnos felices. Cuando somos felices, no nos sentimos tan estresados y nuestros pensamientos no nos abruman ni nos dominan.

La idea es que nuestro cuerpo trabaje físicamente para que nuestra mente no tenga energía para sobrepensar o crear parloteo mental.

Cuando pensamos demasiado, nos preocupamos en exceso o pensamos negativamente todo el tiempo, el parloteo mental empeora y puede parecer imposible de solucionar. En la siguiente sección, hablaré de técnicas para reiniciar el cerebro.

Reinicio del cerebro

La mejor manera de superar los pensamientos negativos, las preocupaciones y los pensamientos excesivos es reiniciando el cerebro.

En primer lugar, tienes que ser capaz de aceptar el cambio y superar los miedos que los pensamientos traen a tu mente. En segundo lugar, tienes que estar dispuesto a aprender a cambiar tu estado de ánimo y tu forma de pensar.

La pregunta más importante es: ¿**cómo** lo hacemos? La mayor parte del proceso de "reinicio" es de lo que ya hemos hablado. Sin embargo, el objetivo de las otras técnicas era detener los patrones de pensamiento excesivo.

Ahora bien, la razón principal por la que la mayoría de la gente tiene una mente hiperactiva es porque en la sociedad actual hay mucha más información que procesar que hace tres décadas. Hoy en día, tenemos redes sociales, tecnología y montones de información nueva con la que interactuamos e interpretamos a diario.

Cuando leas las siguientes técnicas sobre cómo reiniciar tu cerebro, piensa en el objetivo, ya que estás descubriendo cómo puedes reiniciar la mente, no cómo detener o disminuir tus pensamientos.

1. Deja de hacer varias cosas a la vez

Aunque la multitarea puede ser algo bueno, es una de las razones por las que nuestro cerebro funciona a toda máquina. Cuando intentamos concentrarnos, pensar o hacer demasiadas cosas a la vez, significa que nuestro cerebro está cambiando el foco de atención de una cosa a la siguiente, y luego a la siguiente. Esta forma de pensar debilita la capacidad de hacer varias cosas a la vez.

Por ejemplo, cuando limpias la casa, ¿te das cuenta de que empiezas fregando los platos, luego pasas la aspiradora antes de terminar de fregar los platos, sigues limpiando la encimera y barres o friegas el suelo dos veces?

Puede que después de todo ese trabajo te encuentres más agotado. Cuando miras a tu alrededor, aún te queda por lavar la ropa o más platos, y parece como si apenas hubieras hecho nada. Este es el efecto de la multitarea.

La multitarea reduce la capacidad de atención y distrae la mente, lo que también se conoce como "cerebro de mono" o "efecto ardilla". Para acabar con la multitarea, intenta centrarte en una cosa a la vez y asegúrate de no pasar a la siguiente hasta que termines esa única tarea.

2. Concéntrate en una sola cosa a la vez

Daniel Levitin, autor del libro *The Organized Mind: Thinking Straight in the Age of Information Overload* (*La mente organizada: pensar con claridad en la era de la sobrecarga de información*), promueve la inmersión deliberada. Inmersión deliberada significa que dividimos nuestras tareas u obligaciones en intervalos de tiempo de no más de 30-50 minutos cada vez, sin otras distracciones.

Comenta que nuestro cerebro se compone de dos modos de atención: las redes de tarea-positiva y redes de tarea-negativa.

La red positiva de tareas es la capacidad de completar tareas sin distracciones del mundo exterior o del entorno que nos rodea, como la televisión, las conversaciones con tus seres queridos o el teléfono encendido distrayéndonos con las redes sociales y lo que ocurre fuera de casa.

La red de tareas negativas es cuando tu mente está soñando, despierta o divagando activamente, sin centrarse en la tarea que tienes entre manos. Significa que estás ocupado pensando en otras cosas mientras intentas completar una tarea. La red de tareas negativas es de donde surge la creatividad y la inspiración.

Luego tenemos un "filtro de atención", que se encarga de alternar entre los dos modos. Nos ayuda a mantenernos organizados y a concentrarnos en el modo en el que estamos, lo que nos permite completar la tarea que estamos haciendo.

3. "Filtro de atención"

En resumen, Daniel Levitin dice que si quieres ser más productivo creativamente, entonces debes reservar un tiempo para tus asuntos sociales cuando estés tratando de completar una tarea de concentración o atención.

Esto significa que siempre tendrás un momento y un lugar para cosas como las actualizaciones de estado, Instagram, los mensajes de texto, dónde has dejado la billetera o cómo reconciliarte de una discusión con tu pareja o un amigo. Al reservar los aspectos sociales a un periodo de tiempo designado del día, estarás menos distraído y conseguirás hacer más cosas, es una gran manera de reiniciar el cerebro cuando te centras en UNA sola cosa.

El momento para la creación de redes de tareas negativas (soñar despierto, vagar por la mente o pensar en profundidad) es cuando das paseos por la naturaleza, escuchas música mientras compruebas los estados sociales o te bañas con aromaterapia mientras posiblemente lees un libro.

Cuando realizamos estas actividades, el cerebro se resetea y nos proporciona perspectivas diferentes y más saludables sobre lo que estamos haciendo o lo que vamos a hacer.

Los cuatro pasos del Mindfulness

El Mindfulness es un gran método para resetear el cerebro en el momento. Cuando tengas momentos de "ardilla" o te cueste desconectar la "mente de mono", recurre al Mindfulness.

El Mindfulness ayuda con técnicas de relajación más profundas, como la meditación, el sueño y la concentración. Estos son los cuatro pasos para practicarlo con eficacia:

Reetiquetar

Consiste en dar un paso atrás y abordar el pensamiento, sentimiento o comportamiento.

Pregúntate: ¿a qué distorsión cognitiva pertenece este pensamiento? ¿A qué sentimiento puedes asociar este pensamiento? ¿Qué te da ganas de hacer este pensamiento y este sentimiento? ¿Por qué?

Cuando identifiques estos mensajes, podrás entender mejor de dónde vienen y cuándo son "falsas alarmas".

Reasignar

Una vez que hayas identificado el mensaje que tu pensamiento, sentimiento o comportamiento trae a la superficie, debes reasignar el pensamiento a una perspectiva diferente.

Determina la importancia del pensamiento. Si es importante o repetitivo, añádele una nueva definición y míralo desde otra perspectiva.

Reenfocar

Una vez que hayas abordado el pensamiento, lo hayas desmenuzado, le hayas añadido significado y hayas cambiado tu percepción, cambia de enfoque. El objetivo es que no te quedes pensando en ello durante demasiado tiempo, ya que por eso tu cerebro se vuelve hiperactivo y disperso. Cuando cambias intencionadamente tu enfoque a otra cosa, se reconfigura y reinicia tu cerebro.

Revalorar

La revalorización se produce cuando se dominan los tres pasos anteriores. Ocurre casi instantáneamente después de algún tiempo. Revalorizar significa que puedes ver los pensamientos, los impulsos y las urgencias por lo que son.

Cuando veas estas cosas por lo que son, habrás reseteado tu cerebro para configurar y colocar tus pensamientos en las "ranuras cerebrales" correctas. Tu cerebro será automáticamente capaz de descifrar si un pensamiento o mensaje es beneficioso o destructivo.

Para recapitular: la forma más fácil de reiniciar el cerebro es dejar de hacer varias cosas a la vez, darte cuenta de cuándo estás procesando o asumiendo demasiadas tareas o demasiada información, cambiar el pensamiento repetitivo por

distracciones saludables, ser consciente de tus pensamientos y
practicar el centrar tu atención en una sola cosa a la vez.

Parálisis por análisis

"La parálisis por análisis es un anti-patrón, es el estado de
sobreanalizar (o pensar demasiado) una situación de manera
que nunca se toma una decisión o acción, paralizando el
resultado".

Me gusta pensar en ello en relación con la respuesta "lucha,
huida, congelación", la parálisis por análisis es la reacción
de congelación.

Esto ocurre cuando una persona se queda tan atrapada en
sus propios pensamientos sobre qué hacer respecto a una
solución a un problema que no puede decidir qué solución
elegir, así que no hace nada.

La parálisis por análisis tiene su origen en la capacidad para
tomar decisiones.

El psicólogo estadounidense Herbert Simon afirma que
tomamos decisiones de dos formas diferentes:

Satisfacer

Esto significa que las personas eligen la opción que mejor se
adapta a sus necesidades o atención.

Maximizar

Esto significa que las personas no pueden conformarse con
una decisión, sino que inventan múltiples soluciones y

siempre piensan que hay alternativas mejores que su decisión original.

Los maximizadores son los que más sufren la parálisis por análisis. La gente piensa demasiado porque teme sus posibles errores y quiere evitar la posibilidad de fracasar. La parálisis por análisis es una palabra elegante para referirse al sobrepensar combinado con la incapacidad de tomar decisiones.

Superar la parálisis por análisis

Dado que la parálisis por análisis surge de la incapacidad de tomar decisiones rápidas y eficaces, la forma de superarla es simplemente trabajar en tus habilidades de toma de decisiones. Aquí tienes algunas formas de desbloquearte cuando has desarrollado un pensamiento excesivo hasta el punto de sufrir parálisis por análisis:

1. Prioriza tus decisiones

Divide tus decisiones en categorías, es decir, debes averiguar qué decisiones son grandes y cuáles son pequeñas; cuáles son importantes y cuáles no requieren tanta atención. A la hora de decidir qué decisiones incluir en cada categoría, hazte las siguientes preguntas:

- ¿Qué importancia tiene esta decisión?

- ¿Qué tan inmediata es la decisión que debo tomar?

- ¿Esta decisión va a tener un impacto grande o pequeño en lo que suceda después?

• ¿Cuáles son los mejores y los peores escenarios en función de las soluciones que he propuesto?

Cuando categorizamos nuestras decisiones, nos resulta más fácil atenernos a nuestra decisión final sin cambiar de opinión más adelante.

2. Encuentra el "objetivo final" como parte de tu solución

Cuando te quedas atascado preguntándote **por qué** tienes que tomar una decisión, puedes caer en la trampa de la parálisis por análisis. Nuestras decisiones pueden girar en torno a muchos otros pensamientos, como "¿Y si tomo la decisión equivocada?" o "Hay tantas cosas que puedo hacer, pero ¿cuál es la decisión correcta que debo tomar?".

Si no sabes por qué tienes que tomar una decisión, entonces definir la meta o el objetivo puede ser una mejor forma de ver la decisión que tienes que tomar. Por ejemplo, imagina que estás atrapado entre dos trabajos, que ya tienes una carrera en la que estás teniendo éxito, pero que quieres algo nuevo y no estás seguro de por qué necesitas tomar una decisión o incluso si deberías hacerlo.

Pregúntate cuál es el objetivo: ¿dónde te imaginas que deberías estar o estarás dentro de cinco o diez años? Cuando te fijes en el "objetivo final", puede que te resulte más fácil averiguar qué tienes que hacer.

3. Divide las decisiones en partes más pequeñas

Esta técnica es lo opuesto a la anterior. Sigues teniendo en cuenta el "objetivo final", pero en lugar de tomar una decisión basada en el objetivo final, divides el objetivo final en un objetivo más pequeño. Entonces puedes dividir tus decisiones en decisiones más pequeñas para completar el "mini objetivo".

Aunque esto no deja de ser una toma de decisiones, asegúrate de que cuando llegues a una decisión final, te ciñas a ella. Si te sigue costando decidirte, escribe tus decisiones en un papel y no tomes más de tres o cinco decisiones. A la larga, cuanto más lo hagas, más pequeña será la lista cada vez y solo tomarás una decisión, lo cual es un objetivo en sí mismo: superar la parálisis por análisis.

4. Obtén una segunda opinión

Si sigues atascado después de haber hecho tu lista y sigues dándole vueltas a las muchas cosas que puedes hacer, elige dos soluciones principales y coméntaselas a un confidente.

Al hacerlo, deja de juzgarte a ti mismo. Deja de lado el control y el perfeccionismo. Confía únicamente en la opinión de esta otra persona y, si te aconseja sobre una decisión de la que aún no estás seguro o que al final no has elegido, recuérdate que acudiste a la persona porque tenías dificultades y que confías en ella.

Pregúntate cuántas veces esa persona puede haber tenido razón cuando tú le llevaste la contraria. Dite a ti mismo que tienes que dejar atrás el miedo a que ocurra algo malo. Una cita que ha tenido un gran impacto en mí, así como en las personas que me rodean, es la siguiente: "*Locura: es hacer lo mismo una y otra vez y esperar resultados diferentes*". En otras palabras, si sigues haciendo lo mismo, pero esperas algo diferente, el cambio nunca se producirá.

Miedo

Una gran parte del sobrepensar, preocuparse y pensar negativamente gira en torno a una cosa: el miedo. Miedo a perder el control, miedo a cometer un error o fracasar, miedo a tomar una decisión o simplemente miedo en general.

El miedo se aprende y puede resolverse con autodisciplina y terapia de exposición. Es paralizante y puede impedir que alguien haga lo que quiere, haciendo que la gente pierda oportunidades de éxito. Es la respuesta número uno a las preocupaciones excesivas y a los cerebros que piensan demasiado. Para sentirnos completamente en control de nuestros pensamientos y acciones, lo mejor es superar nuestros miedos.

Aquí tienes algunas técnicas para superarlo:

1. Reconoce que el miedo (por grande o pequeño que sea) es real

Cuando la gente tiene miedo o está ansiosa por algo concreto o por una serie de cosas, el miedo es real para ellos. A menudo es bueno tener miedo; significa que nuestros instintos humanos funcionan correctamente.

Por ejemplo, una mujer que camina sola a casa después del trabajo en la oscuridad debería tener preocupaciones.

El primer día de colegio de un niño puede ser preocupante y temeroso, al igual que para un niño o estudiante que entra en un colegio nuevo a mitad de curso.

Un hombre que tiene que someterse a una operación en el cerebro o en otro órgano funcional, o alguien que tiene que ir al dentista, ambos temen la posibilidad de un mal resultado.

Todos estos son miedos que **deberían** estar ahí. Sin embargo, el miedo a los payasos, a los espacios pequeños, a volar o a las alturas son miedos irracionales o aprendidos. Sea cual sea el miedo de alguien, es real para él y debe mirarse con empatía y nunca forzarse a superarlo. Los miedos no pueden superarse a menos que la persona esté dispuesta a enfrentarse a ellos.

2. Acepta tu miedo

Acepta que tienes ese miedo. Puede ser algo tan grande como empezar un nuevo trabajo, conocer a gente nueva, mudarte a una nueva ciudad o convertirte en padre o madre. O puede ser tan pequeño como una araña que se escurre por tus pies, ruidos extraños en tu nueva casa, alguien que te asusta o conducir.

Sea lo que sea lo que te da miedo, acepta que ese es el miedo que tienes; no lo ignores, lo evites ni lo niegues. Está ahí y lo temes.

3. Desglósalo

Adquiere cierta perspectiva sobre tu miedo. Pregúntate:

- ¿Qué riesgo corro?
- ¿Tener este miedo puede perjudicarme de verdad?
- Si mi miedo se hiciera realidad, ¿qué pasaría?
- ¿Cuáles son los mejores y los peores escenarios si este miedo estuviera justo delante de mí ahora mismo?

A veces los miedos son irracionales provocan que muchas personas sobrepiensen. Otras veces, pensar demasiado hace que surjan nuevos miedos. Así que una vez que te hayas hecho esas preguntas, hazte algunas más:

- Si se diera la situación (en el peor de los casos), ¿qué podría hacer al respecto?
- ¿Subestimo mi capacidad para manejar la situación?
- Si la situación se produjera (en el mejor de los casos), ¿qué podría hacer al respecto?
- ¿Sobreestimo mi capacidad para manejar la situación?

A menudo, las personas comparten los mismos miedos. Encuentra a alguien con quien compartir tus miedos y luchen juntos por superarlos. Cuando compartes los mismos miedos que otra persona, tienes una sensación de pertenencia, ya que no estás solo ante ellos.

4. Ceder al miedo: asumir lo peor

La mejor forma de superar los miedos es enfrentarse a ellos o prestarles atención de forma consciente.

Durante un tiempo, me daba miedo salir en público. Así que cuando me enfrentaba a una situación pública, como hacer la compra, me agobiaba y los síntomas físicos del miedo aparecían, como en un ataque de pánico.

Cuando salía en público intencionadamente, primero observaba mis pensamientos y, si eran negativos, los cuestionaba y los sustituía por otros mejores. Si el miedo me abrumaba, me iba a casa, pero volvía a intentarlo cuando me calmaba, normalmente al día siguiente.

No dejaba que el miedo tomara el control porque seguía luchando. Esto también se llama terapia de exposición.

Terapia de exposición

La terapia de exposición no funciona para todo el mundo. Sin embargo, cuando te dedicas a seguir intentándolo, incluso cuando el miedo se apodera de ti, conseguirás superar aquello mismo a lo que temes.

La terapia de exposición es utilizada a menudo por los psicólogos para tratar a alguien que sufre un trastorno de pánico o algún otro trastorno del estado de ánimo.

Es un tipo de terapia que ayuda a las personas con trastornos del estado de ánimo a enfrentarse a sus miedos irracionales. Sin embargo, no es necesario tener una discapacidad si se desea utilizar, ya que funciona para cualquier persona que esté dispuesta a aprender.

Existen diferentes tipos de terapias de exposición, entre las que se incluyen:

Exposición en vivo

Consiste en enfrentarse a un objeto, situación o actividad a la que se teme en situaciones de la vida real. Por ejemplo, a alguien que tiene miedo al transporte público se le puede aconsejar que suba a un autobús o a un tren (primero con alguien y luego solo). A alguien que teme la interacción social se le puede aconsejar que dé un discurso ante un pequeño grupo de personas, hasta llegar a una gran multitud.

Exposición imaginaria

Consiste en sentarte con un amigo de confianza o un psicólogo y dejar que te guíe visualmente con el objeto, la situación o la actividad que temes. Por ejemplo, alguien con TEPT haría una visualización guiada de las cosas que le han sucedido en torno al miedo de su pasado. Con el tiempo, el miedo no les afectará tanto.

Exposición en realidad virtual

Cuando otras exposiciones no resultan prácticas o útiles, es cuando se recurre a la realidad virtual. Por ejemplo, alguien que tenga miedo a volar puede realizar una visualización virtual o guiada de un vuelo. Este mundo virtual lleva a la persona al mundo del vuelo, sin volar realmente, experimentando las imágenes, los sonidos, los olores y la textura del entorno.

Exposición interoceptiva

Consiste en provocar intencionadamente las sensaciones físicas de la sensación temida.

Por ejemplo, alguien con un trastorno de pánico puede sentir más miedo cuando se siente mareado por un ataque de pánico. Se le puede indicar que gire en círculos para exagerar los efectos, y que luego intente ponerse de pie, mantener el equilibrio o sentarse. Esto se hace para que comprendan que los efectos físicos no son tan aterradores cuando están sucediendo porque pueden poner en práctica las mismas sensaciones por sí mismos.

La terapia de exposición ayuda a las personas a superar sus miedos porque desarrolla y reconfigura el cerebro para que establezca conexiones diferentes. Cuando la gente crea o se enfrenta intencionadamente a su miedo, este solo se convierte en un recuerdo lejano y, por lo tanto, el miedo deja de tener control sobre la persona.

PASO 5: APLICANDO POSITIVIDAD

Lo que ocurre con el pensamiento positivo es que es contagioso, al igual que el pensamiento negativo. Es decir, cuando estás cerca de una persona positiva, puedes contagiarte de esa "vibración" o energía y convertirte tú también en positivo. La positividad no solo te afecta a ti, sino también a las personas y al entorno que te rodea.

Por ejemplo, si vas a una entrevista de trabajo y te presentas con confianza y una actitud positiva, el empresario estará más dispuesto a contratarte.

Si te presentas cansado, hambriento o agotado, se notará en tu actitud y no podrás dar lo mejor de ti. Lo más probable es que el empleador haga la vista gorda y contrate a la siguiente persona positiva que se presente a la entrevista. Es muy sencillo: lo positivo atrae a lo positivo y lo negativo atrae a lo negativo.

Como ya se ha dicho en capítulos anteriores, está demostrado que nuestro cerebro cambia de forma, dependiendo de cómo pensemos y vivamos. Dicho esto, lo que es más interesante es que cuando repetimos hábitos, pensamientos y comportamientos, en realidad estamos entrenando a nuestro cerebro.

Podemos entrenar nuestro cerebro para que actúe y se comporte de la forma que queramos, porque cuando repetimos cosas, nuestro cerebro crea sinapsis que antes no estaban ahí y asocia esos pensamientos con comportamientos, convirtiéndolos en hábitos. Así que tiene sentido decir que cuando pensamos negativamente, nos estamos repitiendo malos pensamientos. Mientras nuestro cerebro asocie los pensamientos negativos con los comportamientos que llevamos a cabo, seguiremos repitiendo los malos hábitos. También podemos hacer esto con el pensamiento positivo.

¿Has oído alguna vez el dicho: "La vida es lo que tú haces de ella"? Esto es cierto debido al hecho de que cuando ponemos en práctica pensamientos negativos, actuamos, vemos, sentimos y aplicamos hábitos negativos. Sin embargo, cuando nos repetimos cosas positivas (aunque no las creamos), empezamos a ver, oír, pensar y aplicar comportamientos positivos.

La razón por la que la negatividad se ve sobre todo en esta generación o sociedad es porque la negatividad es adictiva. Es difícil escapar de ella, y una vez que pensamos negativamente, no podemos parar dado que actúa como una droga.

Hacemos estas cosas porque no nos gusta asumir la culpa; en su lugar, queremos culpar a nuestros pensamientos negativos de por qué estamos deprimidos. Culpamos a nuestras preocupaciones de nuestra ansiedad. Culpamos a nuestros pensamientos excesivos de nuestras acciones.

Es una verdad difícil de aceptar, pero la única persona culpable de tus pensamientos negativos eres TÚ.

El asunto es que cambiar no es fácil. Lo fácil es lo que seguimos haciendo, lo que nos resulta familiar. Así que no es de extrañar que no nos levantemos un día y digamos: "Oye, hoy voy a ser un día positivo". Pero esa es la respuesta, es tu elección despertarte y ser positivo, realmente es así de fácil.

Sin embargo, lo que no es fácil es comenzar a hacer algo nuevo y diferente. Esta es la razón por la que cambiar y reconfigurar tu cerebro para ser positivo requiere compromiso y dedicación si de verdad quieres escapar de la pesadilla de negatividad en la que vives.

Cómo pensar en positivo

Cuando desarrollas y mejoras el pensamiento positivo, va más allá de lo que piensas que te hace sonreír. Se convierte en tu entorno. Se convierte en lo que eres como individuo.

La positividad, al igual que la negatividad, nos consume. Puede ser muy difícil pensar en positivo cuando se tiene un día duro o cuando todos o todo lo que te rodea parece deprimente o preocupante.

Pero la verdad es que, cuando piensas en positivo, tu aura y tu mente dejan de buscar lo malo en cada situación y, de hecho, te vuelves agradecido por esos días duros y esos fracasos extremos porque moldean tu destino.

De cada escenario horrible, hay algo bueno que puedes sacar de él. Al principio, ver lo positivo en las situaciones puede ser muy difícil, pero con el tiempo, se volverá tan fácil que ni siquiera necesitarás pensar, lo positivo simplemente estará ahí.

Entonces, ¿cómo hacerlo? Aquí tienes cuatro formas de desarrollar la positividad en tu vida:

1. Centrarse en tres (o más) cosas positivas al día

Antes de irte a dormir, repasa mentalmente tu día. Piensa en todo lo que sucedió y saca tres percepciones positivas del día.

Puede ser cualquier cosa. ¿Brillaba el sol? ¿Te reencontraste con un viejo amigo? Tal vez tu jefe o compañero de trabajo no estaba tan malhumorado hoy, lo que hizo que fuera un día menos estresante.

Cuando empiezas a notar esos pequeños cambios positivos en tu vida, ocurre algo extraordinario: tu sentido de la positividad empieza a echar raíces y a crecer. Es como una reacción en cadena. Estas pequeñas victorias son los peldaños que te conducen a una mayor felicidad y éxito.

Así que celebra hasta las victorias más pequeñas, porque todas contribuyen a tu bienestar y progreso. Estás en un viaje hacia un futuro más brillante y satisfactorio, y cada pequeño paso que das te acerca más a él.

Sigue creyendo en ti mismo y en el camino positivo que estás forjando. ¡Lo estás haciendo muy bien!

2. Haz algo bueno por alguien

Puede que no lo parezca, pero los actos de bondad no solo pueden levantarte el ánimo a ti, sino también a los demás.

Cuando hacemos algo bueno por los demás, en realidad estamos alimentando nuestra alma con positividad porque esas endorfinas químicas se disparan en nuestro cerebro como respuesta de recompensa.

Estos actos pueden ser cualquier cosa, como sonreír a un desconocido, saludar a un compañero de trabajo o hacer una pausa para tener un detalle con un conocido.

Cuando haces sonreír a otra persona, tu corazón sonríe, lo que te hace sentir mejor contigo mismo y desarrollar confianza.

3. Vive el presente

Si no lo he repetido lo suficiente, déjame que lo repita: Sé consciente.

Cuando permanecemos en el momento presente, creamos equilibrio y estructura en nuestra propia conciencia de lo que ocurre a nuestro alrededor.

Cuando tomamos conciencia de lo que nos rodea mientras permanecemos en el momento presente, podremos captar mejor las cosas positivas que suceden, y la negatividad parecerá una amiga distante.

4. Practica el amor propio y la gratitud

La clave de la positividad es que, cuando te quieres a ti mismo, te resulta más fácil ayudar a los demás y devolver algo al universo. Piénsalo: si no te quieres a ti mismo, tus relaciones se desmoronan más rápido, tu trabajo nunca parece satisfactorio y constantemente dudas de tu capacidad para manejar situaciones estresantes.

Sin embargo, cuando te amas a ti mismo, puedes estar agradecido por lo que tienes porque lo tienes. No querrás pedir más o cosas que no tienes, y la envidia o los celos ya no te parecerán cosas importantes de las que preocuparte.

Estar agradecido por el ser humano que eres requiere autoaceptación y una comprensión más profunda de lo que quieres en la vida. Así que, siempre que puedas, agradece lo que tienes en lugar de envidiar lo que no tienes. La verdad es que *el césped del vecino rara vez es más verde que el tuyo*.

Cambia tu estado de ánimo

La mayoría de las veces, nos quedamos atrapados en patrones de pensamiento negativos porque nuestro estado de ánimo es sombrío. Es un ciclo: los pensamientos negativos o preocupantes nos ponen de mal humor, lo que nos lleva a percibir resultados más negativos, lo que dificulta la toma de decisiones importantes porque nuestra mente está abarrotada, lo que nos lleva a sobrepensar (o a tener pensamientos negativos), y así sucesivamente.

Hay días en los que no queremos salir de la cama y otros en los que estamos motivados y producimos sustancias químicas que nos hacen sentir bien, lo que nos permite hacer más cosas. Los días que te sientas mal, estresado, ansioso o deprimido, piensa en los días productivos e intenta aprovechar esa energía. Además, a veces está bien dejarse llevar por el mal humor, pero intenta no enfadarte ni convertirlo en un hábito diario.

Estas son algunas formas de cambiar tu mal humor por uno más relajado cuando te sientas atascado en el barro:

1. Haz ejercicio

Ya hemos hablado de esto. Cuando haces ejercicio, en tu cerebro se liberan esas sustancias químicas que te hacen sentir bien y que pueden cambiar tu estado de ánimo al instante.

Además, es una buena distracción para tu mal humor, porque en lugar de centrarte en lo que te alteraba, puedes concentrarte en otras cosas, como el paisaje o tu respiración. Asegúrate de beber agua mientras haces ejercicio, ya que la deshidratación te puede hacer sentir peor.

2. Escucha o mira material motivador

Cuando no te apetezca moverte ni salir de la cama y sea uno de esos días, mira una película inspiradora o escucha un podcast que te anime.

Aunque tendemos a escuchar música acorde con lo que sentimos en nuestros momentos de bajón, ignora este impulso y haz lo contrario: ponte melodías alegres y optimistas. Quién sabe, puede que incluso te den ganas de bailar o cantar.

Te levantará el ánimo un 60% más rápido escuchar o ver material motivador que escuchar o ver material negativo y deprimente.

Curiosamente, cuando escuchamos lo que se adapta a nuestro estado de ánimo en ese momento, en realidad estamos entrenando nuestro cerebro para que esas actitudes estén bien, y luego nos encontramos cayendo más profundamente en el ciclo negativo.

3. Cambia tu lenguaje corporal

Esto significa que debes actuar y comportarte como quieres sentirte.

Si quieres sentirte seguro de ti mismo, pasea por casa con la ropa más sexy o estrafalaria que tengas y posa frente al espejo sacando pecho y con la espalda recta.

Si quieres sentirte relajado, ponte ropa cómoda y relájate, pero ten cuidado con lo que te dices a ti mismo. Oblígate a sonreír durante 60 segundos y te garantizo que tu estado de ánimo mejorará, aunque solo sea un poco. No dejes que la negatividad te consuma; libérate siendo tú mismo.

Sé gracioso, ríete, hazte cosquillas, habla con alguien sobre tus aspiraciones y sueños, o haz lo que necesites para salir de la depresión en la que te encuentras y recuperar el estado de ánimo que deseas tener.

4. Agradece o aprecia TODO

Aquí tenemos un hecho extraño y divertido: nos parece normal que alguien vaya por ahí quejándose de todo.

Escuchamos a nuestros amigos desahogarse, a nuestros padres discutir, a nuestros jefes quejarse e incluso a veces a desconocidos discutir con ellos mismos.

Es "normal" escuchar a alguien quejarse y discutir sobre cosas, pero ¿no sería raro si escucháramos a alguien hablar de lo agradecido y agradecida que está por todo?

¿Con qué frecuencia oyes a alguien decir: "Está lloviendo fuera, y estoy muy agradecido por la lluvia", o: "La comida a menudo la damos por hecho, así que solo quería tomarme un momento para sentirme bendecido por esta comida"? ¿Has oído alguna vez a alguien decir: "Agradezco que mis hijos griten y me pongan de mal humor, porque significa que son seres humanos en crecimiento?" No, probablemente no.

Imagina que dijeras en voz alta todo lo que agradeces hoy, todo lo que aprecias hoy e incluso ayer. Imagina cómo te sentirías y cómo harías sentir a los demás. Puede que incluso te largues a reír, pero ¿acaso no se trata de eso? Ponlo en práctica.

5. Oblígate a ser positivo, incluso cuando no lo sientas

La verdad sobre tus pensamientos es que no te controlan. Lo mismo ocurre con los estados de ánimo: no te controlan. Así que cuando te cueste practicar o hacer cumplir las técnicas anteriores, hazlo de todos modos.

Oblígate a sonreír, oblígate a levantarte de la cama y bailar, oblígate a sentirte agradecido. Una vez que te levantas y te obligas a ser positivo en tu día, estás tomando el control de tu entorno y de tu comportamiento.

Es importante recordar que gestionar las emociones no siempre consiste en reprimirlas. Por el contrario, se trata de reconocer y comprender tus sentimientos.

Al hacerlo, le estás enseñando a tu cerebro que, incluso en los momentos difíciles, tienes el poder de elegir cómo responder. Este proceso puede conducir al cultivo de la positividad y al desarrollo de hábitos saludables que, en última instancia, favorecerán tu bienestar emocional.

Recuerda que no pasa nada por sentir lo que sientes, y aprender a manejar esas emociones de forma constructiva puede ser una valiosa habilidad en tu camino hacia la salud emocional y la resiliencia.

Refuerza tus hábitos positivos

A veces, pensar en positivo y cambiar de humor no es suficiente para desarrollar una actitud positiva con regularidad. Tienes que crear hábitos para que tu cerebro deje de crear sinapsis con los refuerzos negativos que has creado y empiece a crear sinapsis con los positivos.

Aunque los ejercicios anteriores funcionarán a corto plazo, no solo tendrás que practicarlos todos los días, sino también crear hábitos diarios saludables. Si eres constante en la creación de hábitos positivos, te volverás menos ansioso y más tranquilo.

Sabrás que has conseguido ser positivo cuando dejes de

sentirte tenso durante el día y veas la luz en todas las situaciones.

Tendrás la mente despejada y aceptarás lo que no puedes controlar, lo que significa que has reconocido que la negatividad ya no te consume porque has recuperado el control.

Veamos cómo puedes crear hábitos positivos para sentir estos resultados beneficiosos:

1. Encuentra la raíz de la negatividad

Encontrar la raíz de tu negatividad es solo el principio de lo que hay que hacer antes de poder continuar con tu día. Piensa (pero no pienses demasiado) por qué puedes estar de mal humor o de dónde proceden tus pensamientos negativos.

Si provienen de algo que alguien dijo, entonces será un poco más fácil ponerte de mejor humor, que si tus pensamientos negativos provienen de un comportamiento continuo en torno a este pensamiento específico.

Una vez que hayas averiguado la raíz de la negatividad, será más fácil abordar qué hacer a continuación.

2. Empieza el día con positividad

Despierta y da gracias por tu vida. Agradece a tus hijos, a tu pareja o el hecho de que no seas un sin techo. Da gracias por tus amigos y tu familia, pero sobre todo, da gracias por estar aquí, por haber llegado hasta dónde estás ahora.

Cada día que te levantes, haz una cosa positiva que te levante el ánimo. Haz algo que no hiciste ayer y conviértelo en un hábito. Si quieres cambiar, tienes que hacer algo diferente, así que sal de tu zona de confort y empieza el día con positividad. Por ejemplo, escuchando tus canciones favoritas, preparándote tu desayuno favorito, dando un paseo o haciendo footing.

Recuerda empezar y terminar siempre el día con afirmaciones para ti mismo como: "Este va a ser un gran día" o "Hoy estuvo genial, y mañana será aún mejor".

3. Encuentra el humor en las situaciones difíciles

Si tienes un mal día o te enfrentas a una influencia o posición negativa, crea una broma interna (para ti mismo, preferiblemente). Puede que descubras que eres más gracioso de lo que crees, y es una forma estupenda de convertir una situación difícil en algo divertido.

Por ejemplo, en lugar de insultar a tu pareja en una pelea, imagina lo que pasaría si la llamaras tarta de frutas o carretilla. Imagina su cara como si fuera un tomate o la rueda de un coche.

Imagina que tus pensamientos giran en un tornado de recuerdos divertidos en lugar de en una espiral de malas imágenes.

Tal vez te acaban de despedir, así que en lugar de pensar en las tensiones económicas o en todas las cosas malas que van a ocurrir, piensa en lo bien que te sentirás al tener unos días (o semanas) libres para ti. Piensa en cómo tu próximo trabajo será mejor y arrojará algo de luz sobre lo ambicioso que eres en realidad.

4. Percibe cada fracaso como una lección para crecer

En lugar de tener miedo de cometer errores, intenta cometerlos a propósito para ver qué pasa. Puede que tus errores no solo te enseñen lo que no debes hacer o lo que debes evitar, sino que también te hagan ver que las cosas no están tan mal como habías imaginado en un principio.

Y lo que es más importante, cuando fracases accidentalmente, aprende de ello. Si has metido la pata en el trabajo y te has confundido de papeles o de nombres, pide disculpas y toma nota para volver a comprobarlo la próxima vez.

A lo mejor te has olvidado del cumpleaños de tu mejor amigo, al que nunca olvidas. Aunque te sientas mal, puede que ellos no se sientan tan mal como tú, así que no te castigues por ello.

En lugar de eso, márcalo en el calendario para el año que viene e imagínate haciendo algo realmente estupendo por ellos (no solo el día de su cumpleaños, sino también cualquier día del año).

5. Sustituye tus pensamientos negativos

Para algunas personas, el pensamiento negativo es simplemente su forma de vida, por lo que puede ser desafiante atraparlos en un momento de bajón.

Sin embargo, las veces que te sorprendas a ti mismo pensando "soy horrible en esto" o "nunca hago nada bien", toma nota mentalmente de estos pensamientos y sustitúyelos.

En su lugar, piensa: "Puede que sea malo en esto, pero con la práctica mejoraré, así que no debo rendirme porque puedo hacerlo", o "Que sienta que nunca hago nada bien no significa que sea verdad; soy genial en muchas cosas".

Cuando sustituyes pensamientos como estos a propósito, estás reconociendo tus pensamientos negativos y creando un hábito para pensar de forma más positiva. No pasa nada si al principio no te lo crees, pero nota el cambio en tu estado de ánimo después de hacer esto un par de veces.

6. No te involucres en dramas

El drama siempre ha entusiasmado a la gente, pero el drama puede ser bastante perjudicial cuando nos dejamos llevar por los chismes y los giros azarosos de nuestra vida o de la de los demás.

Cuando dejamos de prestar atención a este tipo de acontecimientos, podemos empezar a centrarnos más en nuestras propias vidas y hacer cosas más productivas. Busca el drama en el cine o la televisión, pero intenta evitar el drama en la vida de otra persona e incluso en tu propia vida.

7. Crea soluciones, no más problemas

Los problemas son los que te han metido en este lío. Intentamos evitar los problemas resolviéndolos. Soluciona los problemas haciendo más preguntas y comprometiéndote con la situación.

Mantente en el presente y no en tu cabeza. De este modo, podrás hacer frente a cualquier pregunta o acusación que se te plantee.

En momentos de incertidumbre, es útil mantener la cabeza fría y elegir entre abordar la situación con lógica o con creatividad. Nuestra mente tiende a acelerarse, lo que provoca estrés y confusión.

En lugar de eso, considera la posibilidad de sintonizar con tu intuición, con tu instinto interior. Confiar en tu intuición a menudo puede guiarte en la dirección correcta, incluso cuando las cosas parecen inciertas. Respira hondo y déjate guiar por tu sabiduría interior. Puede ser una brújula fiable para navegar por los avatares de la vida.

Cuando te resulte difícil tomar una decisión lógica sobre cómo manejar algo, date a ti mismo (o a la persona o circunstancia) un par de días para procesarlo.

Escribe los problemas en un diario y haz un "mapa mental" de las soluciones. Intenta que no se te ocurran más de tres buenas decisiones, y luego ve a la parte de este libro que explica cómo tomar decisiones (en el capítulo siguiente).

Así es como resolverás eficazmente tus problemas.

8. Repítelo

Este paso es el último y el más fácil: Repítelo. Cuando te notes pensando más de la cuenta, preocupándote en exceso o descubras que tus pensamientos negativos te atacan de nuevo, vuelve al número uno de esta lista. Empieza de nuevo.

Haz esto todos los días y practica estos pasos plenamente con el 100% de tu esfuerzo puesto en ello. Si lo haces bien, notarás cómo se desarrolla en ti una vida positiva y un nuevo entorno. Poco a poco, tu antigua actitud y comportamiento desaparecerán, convirtiendo la positividad en tu segunda naturaleza.

PASO 6: CÓMO DESPEJAR TU MENTE Y CONVERTIRTE EN LO QUE DESEAS EN LA VIDA

Un breve resumen de este capítulo: aprenderás a dormir lo suficiente, y a mantenerte dormido, de modo que tengas la energía necesaria para concentrarte en ser positivo, desarrollar la confianza en ti mismo, mejorar tu capacidad para tomar decisiones, dejar de procrastinar, empezar a fijarte metas y aprender más técnicas sobre cómo resolver problemas con eficacia. Tal vez este capítulo sea el más importante que hayas encontrado hasta ahora. Así que sumerjámonos de inmediato en él.

Insomnio

Quiero empezar con los hábitos de sueño y qué es el insomnio, porque casi todo en este libro, o lo que queda por leer, implica dormir lo suficiente. No puedes ser productivo si no tienes energía, así que ¿cómo puedes enfrentarte a tus trampas mentales cuando estás demasiado cansado para centrarte en ellas?

Entonces, ¿qué es el insomnio? El insomnio es cuando resulta, o parece, imposible descansar bien por la noche o incluso conciliar el sueño. Puede parecer que tus pensamientos u otras cosas en tu vida te impiden conciliar el sueño por la noche, por lo que te resulta difícil dormirte. Algunos signos del insomnio son:

• Fatiga;

• Poca energía (no importa lo que hagas);

• Resulta difícil concentrarse en algo;

• Irritación u otros cambios de humor;

• Disminución del rendimiento en el trabajo y en los estudios debido a los patrones de pensamiento y a la falta de sueño.

Existen diferentes tipos de insomnio, ahora veamos cuáles son:

Insomnio agudo

Este tipo de insomnio es situacional. Por ejemplo, si no puedes dormir por un examen al que temes, una presentación para la que no estás completamente preparado o un acontecimiento que llevas meses esperando.

Insomnio crónico

Es cuando el sueño se interrumpe, es decir, no se puede permanecer dormido una vez que se ha conciliado el sueño. Ocurre al menos tres veces por semana y dura unos tres meses o más.

Insomnio comórbido

Se trata de una afección que se ve acentuada por la ansiedad, la depresión u otras afecciones psicológicas.

Insomnio de inicio

En este punto, es posible que tengas dificultades para conciliar el sueño, sea cual sea la causa.

Insomnio de mantenimiento

Es cuando puedes conciliar el sueño, pero te cuesta mantenerlo durante toda la noche. Entonces resulta difícil volver a dormirse.

No es fácil vivir con insomnio, y puede alterar muchos aspectos de la vida de una persona.

Sin embargo, se puede solucionar con la actitud correcta y la motivación adecuada para hacerlo.

Cómo desarrollar mejores hábitos de sueño

Si los síntomas mencionados te resultan familiares, o si has sido diagnosticado, aquí tienes algunas cosas que pueden ayudarte a dormir mejor:

1. Crear una rutina de sueño

Si no estás muy seguro de cómo hacerlo, piensa en cómo dormirías a tu bebé, a tu hijo pequeño o a tus hijos.

Generalmente, todo empieza una hora antes de irse a la cama, cuando apagas la tecnología, les das un baño, comen un aperitivo ligero y beben un vaso de agua, luego les pones el pijama, les cuentas un cuento y, por último, se van a la cama. Algunos niños prefieren los abrazos, las caricias en la espalda y las canciones.

Establece tu propia rutina para irte a la cama aproximadamente una hora antes de acostarte. Si lo haces con regularidad y te ciñes a ella, será más fácil que el ruido mental se calme y puedas relajarte.

2. Ejercicio diario

A veces, la razón por la que resulta tan difícil conciliar el sueño es que nuestro cuerpo tiene demasiada energía.

El "síndrome de las piernas inquietas" se debe a que tus piernas necesitan estirarse y masajearse.

Tanto si lo haces por la mañana, como unas dos horas antes de querer dormir, hacer ejercicio es estupendo para ayudar al cuerpo a relajarse posteriormente.

3. Limitar la tecnología

Esto es importante porque la tecnología, como la televisión, los teléfonos y otros dispositivos, emiten luz azul que nuestro cerebro detecta como "diurna".

Esta luz azul hace que nuestro cerebro produzca menos melatonina (la sustancia química que favorece el sueño), y nuestro cerebro acaba por no distinguir entre la noche y el día.

Así que apaga la tecnología, a menos que sea para escuchar ejercicios de respiración o meditaciones guiadas.

4. Utiliza la cama solo para dormir o para intimar

Puede resultarte difícil quedarte dormido o conciliar el sueño porque utilizas la cama prácticamente para todo.

¿Comes en tu cama? ¿Recibes a tus amigos en la cama? ¿Hablas por teléfono en tu habitación? ¿Hay un televisor en tu habitación?

Todas estas cosas pueden engañar al cerebro para que piense que tu cama es más como un sofá y tu habitación más como un salón. Cuando tu mente interactúa con tu cama como una zona de estar diaria, puede ser difícil para tu mente asociar el sueño con tu cama. Esto puede aumentar enormemente los síntomas del insomnio.

Así que saca la vida de tu dormitorio y empieza a utilizar otras zonas de tu casa para estas actividades diarias en su lugar.

5. Distrae tu mente con ejercicios mentales antes de esperar dormir

No, no me refiero a que utilices esto como excusa para entrar en tu teléfono y jugar a juegos mentales. Ve a la tienda y compra bolígrafos, lápices, gomas de borrar, papel y libros de crucigramas. O mejor aún, toma un libro de la tienda que quieras leer.

Compra una revista y lee cómics o resuelve crucigramas. Hazte con un tablero de scrabble o un juego de cartas para un jugador y activa tu mente con cosas en las que necesites pensar. Haz cuentas o escribe en un diario.

Sí, pásate a la vieja escuela y deja la tecnología. Esto no solo distrae tu mente de pensar en exceso, sino que también ayuda a producir melatonina para que te resulte más fácil conciliar y mantener el sueño por la noche.

6. Practica métodos de relajación

Esta debe ser la única razón por la que recurras a la tecnología, a menos que estés dispuesto a grabar un CD lleno de música relajante, listas de reproducción de audio de ondas beta y videos de meditación guiada.

Cuando te acuestes a descansar, inspira por la nariz y exhala por la boca. Respira con el estómago y el abdomen, no con el pecho. Esto ayuda a que entre más oxígeno en el organismo y activa el cerebro para que reduzca su velocidad y se relaje.

7. Mantas gruesas

Las mantas gruesas son ideales para cuando necesitas un extra de comodidad. Cuando abrazamos a alguien, sentimos calor y cercanía. Una manta gruesa hace lo mismo.

Así que si te duermes sin problemas, pero luego te despiertas a lo largo de la noche, la manta pesada está ahí como red de seguridad para que vuelvas a dormirte sin apenas esfuerzo.

Una buena idea si sufres insomnio de mantenimiento es poner música relajante de fondo para cuando duermas, de modo que cuando te despiertes, la música te calme de nuevo.

Esperemos que estas técnicas te ayuden y puedas conciliar el sueño. Puede que no sea inmediato, pero si sigues practicando estas técnicas, sobre todo una o dos horas antes de acostarte, el sueño llegará más pronto que tarde.

Junto con estos métodos, asegúrate de que tu "tiempo de preocupación" sea mucho antes de irte a dormir. Si pasas tiempo preocupándote y dándole vueltas a tus pensamientos demasiado cerca de la hora en la que planeas dormir, esos pensamientos pueden trasladarse a tu rutina a la hora de acostarte y hacer que sea más difícil conciliar el sueño, porque tu cerebro aprenderá entonces que cuando es hora de dormir, es hora de pensar. No queremos eso.

Técnicas de toma de decisiones y resolución de problemas

Es un hecho que para resolver problemas complicados o desafiantes hay que tener capacidad de decisión. También es un hecho que, para ser un solucionador eficaz de problemas, hay que entender que las decisiones que se toman definen el resultado de una solución.

He combinado estos dos temas en una sola sección porque son como dos gotas de agua. Todo lo que aprendamos sobre la toma de decisiones estará relacionado con la forma de resolver problemas. Si necesitas más ayuda con la resolución de problemas, el último capítulo contiene técnicas muy útiles sobre este tema.

Cada habilidad contiene otra habilidad que debe o puede aprenderse. Las habilidades necesarias para ser eficaz en la toma de decisiones son:

- Procesar las diferentes decisiones que podemos elegir para nuestro objetivo o resultado establecido;

- Autorreflexión o autoconciencia;

- Creatividad o habilidades analíticas;

- Habilidades de comunicación eficaces;

- Habilidades organizativas.

Estas habilidades son necesarias para que podamos reflexionar sobre nuestras propias actitudes y pensamientos con el fin de tomar una decisión y atenernos a ella.

La mayoría de las veces se nos ocurren múltiples decisiones que apuntan a nuestro destino oficial, por lo que es bueno tener habilidades organizativas y creatividad para poder ponerlas en práctica y desmenuzarlas, acercándonos un paso más a la decisión final.

Las habilidades necesarias para resolver problemas con eficacia son:

- Creatividad y habilidades de razonamiento lógico;

- Habilidades de investigación;

- Habilidades de comunicación y socialización;

- Inteligencia emocional;

- Toma de decisiones.

¿Ves un patrón? Casi todas de estas cinco habilidades están interrelacionadas de algún modo con el proceso de toma de decisiones.

La inteligencia emocional es excelente para desarrollar estas habilidades, ya que te permite pensar por ti mismo, reflexionar sobre actitudes y sentir empatía por otras personas. La inteligencia emocional conduce luego a la inteligencia social, que se trata de las buenas habilidades de comunicación para conseguir lo que quieres o necesitas de forma educada.

Así pues, profundicemos en lo que es un problema. Un problema presenta objetivos y barreras. Tenemos metas que queremos alcanzar, y luego están esas colinas o montañas, llamadas barreras, que se interponen en nuestro camino para alcanzar esas metas. La resolución de problemas consiste en superar estas barreras para poder llegar a nuestro destino final: nuestros objetivos.

Etapas de la resolución de problemas

Para resolver un problema, primero debemos pasar por las etapas de ese problema:

1. Identificar el problema

Esta es la etapa en la que surge el problema. En esta etapa, el problema puede estar disperso y poco claro, de modo que puede parecer realmente grande, pero cuando se piensa en él y se identifica, se puede definir cuál es el problema real.

2. Investigación del problema

Aquí es donde aprendemos a observar y desglosar los problemas que giran en torno al problema principal. Observamos las barreras e investigamos sobre ellas. Cuando hacemos esto, desarrollamos una imagen más clara de cómo podemos solucionar el problema en nuestra mente.

3. Buscar y hacer una lista de soluciones

Una vez definido y desglosado el problema e identificados todos los obstáculos, puedes empezar a buscar posibles soluciones. Puedes hacer una lista de los resultados basándote en tus **habilidades creativas** para encontrar una solución. Sin evaluar demasiado, aquí es donde nuestro cerebro entra en acción para encontrar una solución.

4. Tomar una decisión

Una vez que tenemos una lista de soluciones, es hora de tomar una decisión. Podemos utilizar nuestro **razonamiento lógico** o nuestras **habilidades de comunicación** para elegir la mejor solución del paso anterior. Una vez tomada la decisión, nos atenemos a ella y seguimos adelante.

5. Pasar a la acción

Esta es la etapa final, en la que hemos utilizado todas nuestras habilidades para tomar una decisión definitiva y la ponemos en práctica.

Al avanzar, no miramos atrás; si nos equivocamos, aprenderemos de ello más adelante.

Pasar a la acción no es cuestionar nuestra decisión ni escuchar el parloteo de nuestra mente que nos hace querer volver atrás. Es superar nuestro miedo por haber hecho ya todo lo que podíamos y aceptar que eso es lo que haremos ahora.

Básicamente, la resolución de problemas no es más que encontrar la manera de resolver una tarea difícil o desafiante para alcanzar nuestro objetivo o destino. Es el proceso de toma de decisiones el que define la rapidez con la que superamos las barreras para resolver estos problemas.

Nuestra mente suele interponerse en el camino con pensamientos excesivos o dudas, y por eso debemos aprender a tomar decisiones sin arrepentirnos después.

Cómo desarrollar la habilidad de toma de decisiones

En este libro, hemos hablado sobre cómo apagar el parloteo mental, cómo reiniciar la mente y cómo superar nuestros miedos. La razón por la que a la mayoría de las personas les cuesta tomar decisiones es porque posponen la aplicación de la solución, ya que quieren asegurarse de que es la decisión perfecta que no conduce al fracaso.

El fracaso solo entra en juego cuando uno teme no haber dado lo mejor de sí mismo, a menudo derivado del perfeccionismo, que, a su vez, puede llevar a procrastinar la toma de decisiones.

Una forma eficaz de detener esta espiral es tener confianza en uno mismo en que cualquier decisión que tomes, o que estés a punto de tomar, ha sido minuciosamente investigada y definida mental o físicamente y que no hay otra opción.

Ten certeza con tus decisiones y aprende de ellas si no fueron lo que esperabas. El positivismo es el único resultado que debes tener al final.

Primero, hablemos de lo básico. Después, hablaremos de otras opciones para tomar estas decisiones combinando los aspectos básicos con ellas:

Programa un buen momento para pensar

Cuando dediques intencionadamente un tiempo de tu día a pensar en el "problema" que tienes entre manos, podrás averiguar cuáles podrían ser tus decisiones en torno a este problema.

Define tus decisiones

Al igual que se define el problema, también hay que identificar y plantear las decisiones.

Elige una serie de decisiones basadas en UN problema cada vez. Cuando tengas las decisiones tomadas, podrás dar un paso atrás y determinar cuál es el mejor camino a seguir.

Piensa bien cada opción que elijas

Todas las opciones que se te han ocurrido en este momento tienen que estar bien meditadas. Deja de tomar más decisiones porque cuantas más decisiones tengas, más probable es que se convierta en un trozo más grande de un pastel que no puedas masticar.

Las opciones que tienes ahora (limitadas a entre tres y cinco) son las que hay que pensar detenidamente para que puedas resolver tu problema y alcanzar tu objetivo.

Ahora que lo básico está cubierto, aquí tienes más opciones relacionadas con lo básico:

1. Pregúntate cuál es tu moral y tus valores

Esto es algo importante porque nos enseña a ser conscientes de nosotros mismos y nos ayuda a percibir el proceso de toma de decisiones de una forma de la que no queramos volver atrás.

Digamos que tienes dos decisiones ante ti: una podría poner a tu amigo en un lugar en el que tú no podrías estar, y te estarías sacrificando en su beneficio; la otra decisión te pone a ti por encima y lo convierte en tu "compinche".

Tienes que elegir una de estas opciones en función de lo que te vaya a hacer más feliz.

Si se trata de ver a tu amigo en un lugar mejor del que está ahora porque tienes otras ideas para ti, entonces la opción uno es la mejor.

Sin embargo, si tu amigo ya está en un buen lugar y tú necesitas ser el que esté en la cima, entonces la segunda opción es mejor.

No importa cuáles sean tus valores fundamentales, no te desvíes de ellos porque los juegos del "y si..." nunca son divertidos ni útiles.

2. Imagina cuál será el resultado

Cierra los ojos e imagina lo que crees que ocurrirá con las decisiones que has tomado. Imagina los mejores y peores escenarios.

No pienses demasiado y date un límite de tiempo de cinco minutos. Cuando suene el cronómetro, elige la decisión con la que al final te sientas más feliz.

3. Pruébalo

En algunos casos, no en todos, esto entra en juego. Por ejemplo, si tu trabajo te pide que te traslades, ve a visitar la ciudad a la que tienes que mudarte y comprueba cuáles son tus sentimientos en relación con esa ciudad. Si te sientes bien, hazlo; si te sientes mal, haz caso a tu instinto y no lo hagas.

4. Escucha tus esperanzas

Tus esperanzas actúan como una brújula para tu instinto visceral. Es tu intuición gritándote que hagas algo. Puede que tu corazón esté en un sitio y tu mente en otro.

Si lanzaras una moneda al aire, ¿qué esperarías que saliera? Si pidieras consejo a alguien, ¿qué esperarías que te dijera?

Sean cuales sean esos instintos, hazles caso. Si tomas una decisión basada en desafiar esas esperanzas, puede que al final no estés contento con los resultados y pases incontables horas deseando haber elegido la otra opción. Haz caso a tu instinto; la mayoría de las veces, tiene razón.

Confía en ti mismo para fijar y alcanzar tus objetivos

La autoconfianza es cuando uno se siente positivamente seguro de que está en lo cierto en sus juicios, capacidades, poder, valores y decisiones, entre otras cosas. Se diferencia de la autoestima en el hecho de que la autoestima es la evaluación de la propia valía, pero la autoconfianza es la capacidad de confiar plenamente en nosotros mismos para lograr cualquier cosa que nos propongamos.

Algunas características de una persona segura de sí misma son:

• Hacen lo que consideran correcto, aunque los demás no estén de acuerdo o les critiquen;

• Están decididos a conseguir lo que quieren y avanzan sin importar lo que pase;

• Admiten sus errores y asumen la responsabilidad de sus actos;

• Esperan a ser aceptados o aprobados porque no sienten que necesiten ser elogiados;

• No alardean ni presumen de sus logros;

• Aceptan los cumplidos voluntariamente;

• Se sienten cómodos siendo vulnerables;

• No sienten la necesidad de controlar o ser celosos;

• No se culpan si una relación no funciona, ni culpan a la otra persona;

• Confían en que las decisiones que toman son buenas;

• Son conscientes de sí mismos y asertivos.

Todas estas características son perfectas para marcarse y mantener objetivos y alcanzar tu propio potencial. Tener confianza en uno mismo significa estar dispuesto a correr riesgos y tener poco miedo a lo desconocido, porque se tiene la confianza suficiente para hacer lo que hay que hacer.

Desarrollar la confianza en uno mismo

Si estas características no resuenan en ti, ten por seguro que pueden aprenderse.

Si no desarrollas o trabajas la confianza en ti mismo, no pasará nada porque seguirás siendo capaz de conseguir lo que quieres; sin embargo, puede que te lleve más tiempo y que tus objetivos estén más lejos de lo que te gustaría. Puede parecer que estás escalando una montaña interminable de barreras para llegar al destino deseado. Algunos lo llaman el camino de la vida, pero ¿tiene que ser así la vida?

Aquí tienes algunos pasos para desarrollar y mejorar tus niveles de autoconfianza:

1. Paso uno: Formula tu aventura

Hay cinco cosas importantes a la hora de prepararse para tener confianza en uno mismo. Te las explicaremos a continuación. Para empezar tu aventura, debes averiguar dónde estás ahora, adónde quieres ir y creer en ti mismo que puedes y vas a conseguirlo. Debes desarrollar la positividad y dar la bienvenida a este tipo de compromiso con el cambio.

Recuerda tus logros

Cuando pienses en tus éxitos, intenta nombrar al menos cinco cosas que hayas logrado en tu vida hasta ahora.

¿Has quedado primero en una maratón? ¿Ganaste un concurso de comer salchichas? ¿Fuiste un estudiante de honor con sobresaliente en el colegio?

¿Ayudaste a bajar un gato de un árbol? ¿O salvaste una vida?

Sean cuales sean tus logros, grandes o pequeños, todos cuentan.

Nota tus puntos fuertes

Una vez que hayas elaborado tu lista de éxitos, puedes averiguar cuáles son tus puntos fuertes. Puede que en alguno de esos logros no lo hicieras lo mejor posible y quieras aprender a hacerlo aún mejor.

Cuando te des cuenta de cuáles son tus puntos fuertes, puedes pasar a averiguar cuáles son tus objetivos y barreras en torno a esos puntos fuertes.

Pregúntate qué quieres hacer. ¿Dónde quieres estar? ¿Y en quién quieres convertirte? Nunca es tarde para empezar esta aventura.

Averigua qué es lo más importante para ti

Establecer y cumplir objetivos es lo más importante para tener confianza en uno mismo. La confianza en uno mismo se centra en gran medida en tu capacidad para completar y esforzarte por alcanzar tus objetivos y seguir fijándote otros nuevos. Cuanto más cumplas tus objetivos, más mejorarán tus niveles de confianza en ti mismo.

Incluso si fracasas o cometes un error, la confianza consiste en aprender a crecer a partir de esos errores y esforzarse más la próxima vez. Cuando descubras qué es lo más importante para ti, te darás cuenta de que hacer lo que te gusta no da tanto miedo y que los intentos fallidos forman parte del proceso.

Gestiona tu mente

Este libro trata sobre la gestión de la mente. Debes practicar la positividad durante todo el proceso. Desafía esos pensamientos negativos, sigue reiniciando tu cerebro y trabaja para acallar esas molestas preocupaciones. Combate tu lado negativo y abraza tu lado productivo y positivo mientras sigues esforzándote por tener más confianza en ti mismo.

Comprométete con el éxito

Este último paso para iniciar tu aventura es quizá el más importante: debes prometerte a ti mismo que, pase lo que pase, contra viento y marea, te comprometerás a alcanzar tus objetivos. Básicamente, te estás prometiendo a ti mismo dar pasos adelante cada día para centrarte en tu positividad, combatir esos pensamientos no deseados y convertirte en lo mejor que puedes ser. Pero espera, también es más que eso; es creer que **puedes** hacerlo y que lo **harás**.

2. Paso dos: Emprender el viaje

En este paso comienza tu viaje para completar tu obra maestra. Al llegar a este punto, deberías haber completado una autoevaluación de todo lo que has hecho.

Deberías aceptar que tus fallos continuarán, pero ahora crees en ti mismo. Deberías poder decir con confianza y orgullo que te has comprometido a ser más porque te valoras y te aprecias.

Empieza con victorias pequeñas y fáciles, y progresa completando objetivos cada vez más grandes a medida que avanzas. Convierte cada "victoria" en algo importante y date grandes recompensas. Así es como se desarrollará con más rapidez la confianza en ti mismo.

Construir conocimiento

Cuando hayas hecho una lista de tus objetivos, examínalos. Mira tu lista de puntos fuertes y averigua qué habilidades necesitarás desarrollar o aprender para alcanzar estos objetivos que te has marcado. Una vez que tengas una idea fija de cómo alcanzar estos objetivos, haz un curso y adquiere conocimientos sobre los pasos necesarios para completar tu objetivo. Esfuérzate por obtener certificaciones y califícate para lo que quieres conseguir.

Concéntrate en lo básico

Haz pequeñas cosas, pero hazlas bien. No busques la perfección, limítate a introducir cambios y céntrate en lo básico. Cuando estás empezando, no quieres abrumarte con objetivos elaborados o mañosos que están fuera de tu alcance. Esto vendrá más adelante.

Fíjate pequeños objetivos y cúmplelos

Sigue esta rutina al principio: fíjate un objetivo, cúmplelo, celebra tu éxito y pasa a algo un poco más difícil que el objetivo anterior. La meta en este paso es adquirir el hábito de fijarse objetivos y cumplirlos. Con el tiempo, tus objetivos se irán haciendo cada vez más grandes, pero el truco está en que lo hagas de forma tan gradual que, cuando llegues al objetivo más lejano por el que has estado trabajando, no notes la creciente diferencia de dificultad.

Continúa trabajando en tu mente

Continúa desafiando los pensamientos negativos y el parloteo de tu mente. Continúa progresando con positividad y deja ir los miedos que rodean a la incertidumbre.

3. Tercer paso: Avanzar hacia el éxito, pasar a la acción

Aquí es donde tomas medidas para completar todos los pasos anteriores a este. Este es el paso que te prepara para todos tus éxitos.

Ya has terminado tu aventura aquí, has completado la búsqueda de tu viaje, y ahora estás listo para poner en práctica todos los datos que encontraste a lo largo del camino.

Ahora es cuando pasas a la acción para completar objetivos más difíciles y prolongados. Con cada objetivo cumplido, obtienes mayores recompensas y más satisfacción.

Cuando hayas alcanzado la meta deseada, como por ejemplo tener una gran propiedad y ser gerente de una empresa, podrás celebrar todos tus logros pasados y confiar en que tendrás éxito en cualquier otra cosa que hagas porque lo has estado haciendo todo el tiempo.

La confianza en uno mismo no es algo que crezca de la noche a la mañana, sino algo que debes cultivar, dentro de unos años (quizá incluso semanas o meses), podrás decir que tienes más confianza hoy que el día que empezaste esta aventura.

Cambia tus relaciones con la gente

Muchas veces, la razón de nuestra negatividad interior se debe a las personas de las que nos rodeamos. Sobrepensar está influenciado por nuestras decisiones y por lo que nos dice nuestra compañía. Es hora de tomar decisiones por nosotros mismos ahora que hemos aprendido a tener más confianza para tomar decisiones más sabias.

Aquí tienes algunos puntos sobre cómo identificar a una persona negativa en tu vida:

• Se preocupan mucho;

• Opinan sobre tu vida;

• Son reservados;

• Ven el mundo con pesimismo;

• Son sensibles a tus sugerencias y a cualquier cosa que les digas;

• Son maestros de la queja;

• Están a favor de la palabra "pero";

• No se esfuerzan por arreglarse a sí mismos o a sus vidas;

• Ponen excusas;

- Te drenan la energía;

- Ven el lado oscuro de cada cosa positiva;

- Son egoístas.

Lidiando con una persona negativa

Tu felicidad puede estar causada por las relaciones que tienes y la compañía que mantienes.

Cuando tratas con gente negativa, tus vibraciones positivas pueden empezar a disminuir, y entonces vuelves a los mismos hábitos que tenías antes de haber comenzado a leer este libro.

Los humanos somos criaturas sociales, así que tiene sentido por qué muchos de nosotros somos esponjas para los comportamientos de los demás. Aunque nos esforzamos por no disgustar a nuestros seres queridos, otras veces no estamos seguros de haber hecho algo malo para disgustarlos. Por supuesto, no puedes llevarte bien con todo el mundo, pero al menos debes intentarlo.

Tratar con una persona negativa puede ser bastante difícil, pero aquí está el punto clave para manejarlas: no puedes controlarlas; solo puedes controlar cómo actúas tú como resultado de estar cerca de ellas.

Si puedes reparar la relación, o continuar la relación con esta persona estableciendo límites y siendo asertivo, hazlo. Si no puedes hacerlo y cada interacción con ella parece hundirte a pesar de tus esfuerzos, entonces lo mejor es que te deshagas de ella por completo o que reduzcas la cantidad de veces que hablas con ella.

Aquí tienes algunas formas saludables de enfrentarte a las relaciones negativas o tóxicas:

• **Establece límites sanos**

Las personas negativas no reconocen cuándo están siendo negativas ni tienen en cuenta los sentimientos de nadie como consecuencia de su negatividad. Cuando interactúes con una persona tóxica, considera la posibilidad de establecer límites internos y externos. Dite a ti mismo que no permitirás que te hagan sentir mal.

Si tu estado de ánimo o tus pensamientos empiezan a cambiar cuando estás cerca de esa persona, tienes que alejarte. Dile amablemente que no mantendrás la conversación si no puede aprender a ser más positiva y, a continuación, aléjate amablemente.

Otra cosa que puedes hacer es iniciar la interacción. Anímate y haz que se sientan positivos antes de discutir nada con ellos.

Cuando le dices a una persona negativa que actúe de forma positiva, se siente juzgada, mientras que, si actúas de forma positiva y le haces sentir positividad, entonces tu vibración puede hacer que se sienta más ligera y te devolverá esa positividad a lo largo de su interacción.

El resultado puede ser una mayor cercanía y menos conflictos.

- **Cuestiona el valor de esta amistad o relación**

Debes hacerte algunas preguntas sobre tus relaciones.

Intenta anotar a todas las personas que conoces y de las que quieres saber más. Después, pregúntate: "¿Qué significa esta persona para mí? ¿Cómo es mi relación con ella? ¿Es negativa? ¿Solemos vernos porque sí, o es porque necesita algo de mí?".

Las respuestas a estas preguntas pueden parecer sorprendentes, o quizá no. Sin embargo, las respuestas te ayudarán a identificar si merece la pena cuidar la relación o si lo mejor sería alejarse de ellos por completo.

- **No te lo tomes como algo personal, aunque lo sea**

Cualquier cosa que te diga una persona negativa puede deberse a que ha tenido un mal día, a que tiene sus propias opiniones, a que te juzga o a que siente que intenta ayudarte dándote un consejo.

Sin embargo, debes determinar la intención que hay detrás del consejo que te dan y cómo te sientes tú en la conversación.

Cuando te aconsejan que hagas algo, ¿lo hacen porque se preocupan profundamente por tus necesidades o porque es su opinión sobre lo que deberías o no deberías hacer?

Una persona positiva se toma las cosas que dicen los demás a la ligera porque confía en sí misma para hacer lo que le conviene. Independientemente de su tono, presta más atención a las palabras que dicen para que puedas abordar el significado que hay detrás de ellas.

• **Actúa, no reacciones**

Cuando miramos la lista que hemos creado, puede que ya tengamos una idea de los individuos que luchan contra la positividad. Sabiendo esto, la próxima vez que te enfrentes a este individuo, crea voluntariamente sentimientos positivos y no esperes una oportunidad. Hazle un cumplido o levántale el ánimo diciéndole lo que admiras de él. Esto puede aliviarle y poner en marcha lo que puede esperar de ti.

• **Determina la realidad del vínculo**

Muchas veces, percibimos las cosas a nuestra manera y luego intentamos que los demás piensen como nosotros. Ofrecemos nuestro consejo y, cuando no lo aceptan, podemos sentir incredulidad, lo que puede enfadarnos o inquietarnos.

Cuando te dirijas a una persona negativa, piensa en la realidad de tu relación y en su propia realidad.

¿Por qué es negativa? ¿Qué puedes hacer para ayudar a que sean positivos y mantener tu cordura?

Después de hacer todo eso, tómate un descanso. Toma a estas personas negativas en dosis cortas y cambia tu perspectiva sobre la realidad del vínculo.

Empieza diciéndote a ti mismo: "Todo lo que puedo hacer por mi amigo es quererlo por lo que es. Lo ayudaré cuando lo necesite, pero si no quiere aceptar el cambio, entonces tengo que hacer lo que sea mejor para mí, así como ser comprensivo con sus necesidades".

- **No eres un solucionador de problemas**

Dice el refrán: "*No puedes ayudar a quien no quiere ser ayudado*". En lugar de malgastar tu energía en ayudar a una persona negativa si no quiere hacer cambios, a veces solo tienes que aceptarlo.

Superar la preocupación excesiva consiste en dejar ir lo que no puedes controlar. Así que, cuando tu compañía negativa siga siendo negativa, recuérdate a ti mismo que no eres su amigo para resolver sus problemas.

Eres su amigo porque eliges estar a su lado. Si llega un momento en el que necesitas alejarte para siempre, eso es lo que tienes que hacer. No te sientas culpable.

Cambia tu relación con tu pareja

Aparte de la negatividad tóxica con las compañías que mantienes, tener una pareja tóxica puede ser incluso peor para tus patrones de pensamiento negativos.

Las relaciones son duras y requieren trabajo, pero una relación no siempre es tóxica porque los dos no están sanos, a veces es solo uno de los dos.

Es posible que una persona tóxica (o su pareja) no sepa que es tóxica o negativa porque está demasiado ensimismada con sus propias necesidades, deseos, frustraciones, objetivos e intereses como para preocuparse por los tuyos.

Aquí tienes algunas preguntas que debes hacerte para identificar si estás en una relación poco saludable:

• ¿Cómo te sientes cuando estás con esta persona?

• ¿Te sientes seguro cuando estás cerca de esta persona?

• ¿Cómo influye tu pareja en tus hijos y en tu vida?

• ¿Te sientes emocionalmente estresado o agotado cuando estás con ellos?

• ¿Estás más tenso cuando estás con ellos?

• ¿Es esta persona manipuladora o engañosa?

• Cuando estás con ellos, en comparación con cuando no lo estás, ¿cómo te sientes?

• ¿La vida se torna más difícil de lo necesario cuando están juntos?

• ¿Cambias según las necesidades de tu pareja?

Estas respuestas pueden cuestionar en gran medida tus pensamientos y ayudarte a decidir qué debes hacer a continuación. La mayoría de las personas permanecen en una relación porque obtienen algo de su pareja.

Esto incluye cosas como el afecto, la intimidad, el dinero, el poder, los hijos, lo que han construido juntos, el amor y la incapacidad de ver cambios negativos. Nos quedamos porque pensamos que las cosas cambiarán, o que, si hacemos esto, pasará lo otro.

Independientemente de las razones para quedarnos, tenemos que sentarnos con nosotros mismos y determinar si vale la pena para nuestra salud permanecer o marcharnos.

Mejora tu relación

Si has decidido intentarlo de nuevo, es posible que aún no hayas hecho algunas cosas. Si la siguiente lista no funciona muy bien, entonces la terapia profesional puede ser el mejor camino a seguir.

Sin embargo, tienes que determinar cuánta energía es saludable poner en tus esfuerzos porque se necesitan dos para que una relación vuelva a ser saludable.

Ambos deben comprometerse a conocerse de nuevo (ya que las personas cambian con los años) y dedicar más tiempo a trabajar la disciplina, el compromiso, la motivación y el deseo.

Si estos aspectos han desaparecido, hay formas de recuperarlos con el poder de la positividad. Comprométanse a hacer algo juntos todos los días para devolver el respeto y el amor a su relación.

Aquí tienes algunos consejos que te ayudarán a retomar el camino o a "cambiar" tu relación actual:

1. **Habla con tu pareja**

Decirle a tu pareja exactamente lo que necesitas, cuál es el problema, y después ponerse de acuerdo para solucionar estas preocupaciones es crucial para seguir por el buen camino.

Cuando llevas un tiempo con alguien, empiezas a conocer sus hábitos, su rutina y su forma de vida.

Sin embargo, nos olvidamos de hablar de nuestras preocupaciones, lo que suele acabar en discusiones o desacuerdos.

Cuando hables, asegúrate de utilizar una voz tranquila y un tono bajo. Trata de no insistir en tus preocupaciones, sino de ser positivo en todo momento.

2. Comunicarse con afirmaciones del tipo "yo"

Muchas veces caemos en afirmaciones del tipo "tú", como "no haces lo suficiente" o "me obligas a hacer estas cosas como represalia".

Una cosa que hay que tener clara es que tu pareja nunca es responsable de tus pensamientos o acciones.

Tú piensas por ti mismo, y las afirmaciones "tú" pueden resultar acusadoras o intimidatorias.

Para evitar esta hostilidad, practica las afirmaciones "yo", como "me siento herido porque..." o "estoy molesto porque...".

Cuando le digas a tu pareja cómo te está haciendo sentir, en la misma frase dile también qué puede hacer para cambiarlo.

Por ejemplo: "Me siento poco respetado cuando no me llamas cuando estás fuera; la próxima vez, me gustaría que me llamaras y contestaras a mis mensajes".

3. Sé coherente

Hay que hablar de los problemas y buscar soluciones. Una vez que hayas creado límites claros y nuevas "normas" para tu relación, cíñete a ellas.

Si tu pareja te ha faltado el respeto, recuérdale estas conversaciones y pídele que te recuerde lo mismo si te desvías del camino. Cambiar tu relación es un esfuerzo de equipo y costará trabajo recuperarla.

4. Sé quién eres y sé la mejor versión de ti mismo

No puedes centrarte en una relación y en las exigentes necesidades que te pide si no estás gestionando tus propios deseos, necesidades y emociones. Así que, mientras pones en práctica todas las técnicas de este libro, impleméntalas en cada conversación para que puedas ser como eres, más feliz y más sano. No te conformes con menos de lo que sabes que puedes ser, ni siquiera cuando se trate de las personas a las que quieres.

5. Pasen juntos el tiempo necesario

Las relaciones no consisten solo en discutir y aprender el uno del otro sobre la marcha; son más que eso. Claro que discutirán y tendrán desacuerdos, pero cuanto más tiempo de calidad pasen juntos sin discutir, más sana será su relación, incluso en esos momentos oscuros.

El tiempo de calidad consiste en apartar las distracciones, como el teléfono, y hablar cara a cara. Jueguen a las cartas, siéntense frente al fuego o den un paseo nocturno.

Hagan cosas que siempre han querido hacer y reaviven su relación haciendo lo que no han hecho en mucho tiempo o recordando lo que pasó cuando empezaron a estar juntos.

6. El contacto es esencial

Junto con el tiempo de calidad, el contacto físico también es esencial. Múltiples estudios han demostrado que el contacto físico libera las endorfinas necesarias para ser feliz.

Para dar la bienvenida al tacto en tu relación, empieza por darle la mano en público o rozarle el hombro o la espalda cuando pases a su lado. El siguiente paso es acurrucarse en el sofá (sin mantener relaciones sexuales).

El poder del contacto físico sin relaciones sexuales dice mucho en favor de la positividad de cualquier relación. Cuando llegue el momento, da un paso más y haz que las caricias sean más sexuales.

7. Aprende del poder de la comunicación

Todo lo que hacemos gira en torno a la comunicación. Cuando discutimos, nuestro humor se deteriora; cuando reímos, nuestro humor mejora.

La forma en que hablamos, escuchamos y respondemos tiene que ver con el hecho de que, al final de nuestras conversaciones, sintamos vibraciones positivas o negativas.

A veces, es mejor no decir nada, y el sonido del silencio puede decir mucho. Adquiere algunos libros sobre comunicación o habla con un profesional y aprende a comunicarte con tu pareja, y viceversa.

8. Mantente fiel a ti mismo y a tus valores

No importa quién sea, nunca debe hacerte dudar de lo que es más importante para ti.

Escribe una lista de las cosas absolutas que no pueden y no serán negociables, y luego las cosas que "quizás" lo son.

En esta lista, fíjate en cuáles son tus valores fundamentales y asegúrate de que tu pareja sepa que estas cosas son límites importantes para ti.

Así podrás mantenerte fiel a ti mismo y saber si debes alejarte o no en caso de que sea intransigente.

9. Escucha a tu pareja

Algo que aprenderás en los cursos de comunicación es que escuchar es la mitad de la batalla. Cuando escuches las necesidades y deseos de tu interlocutor, hazlo con toda tu atención. Esto significa apagar todas las distracciones, como la música, la televisión, los ruidos del exterior, etc.

Asegúrate de que cuando tengan una conversación vayan a un lugar tranquilo y que no sea en medio de un día intenso. Así podrás escuchar e intentar comprender lo que te dice tu interlocutor. Escuchar es un paso eficaz y necesario para comunicarse bien.

10. Comunica lo que quieres

Una vez que hayas identificado en qué punto se ha desmoronado la relación (o si está en camino de hacerlo), es esencial que comuniques a tu pareja lo que quieres.

Pregunta qué es lo que le gustaría que ocurriera, y luego dile qué es lo que más te gustaría que ocurriera. Nadie puede leer la mente de nadie, así que comunicar tus deseos puede mejorar mucho su relación.

Tal vez lleven un tiempo guardándose algo, y si estás abierto a escuchar lo que necesita decir sin juzgar, podrás aprender a entender cómo trabajar juntos.

En este capítulo, hemos profundizado en el viaje de empoderamiento que supone convertirse en lo que realmente deseas en la vida, haciendo hincapié en la importancia de la visión, la dedicación y la confianza en uno mismo.

Sin embargo, cuando ponemos la mira en nuestros sueños y metas, hay un obstáculo común que a menudo se interpone en nuestro camino: la procrastinación. Mientras que la aspiración a evolucionar y alcanzar nuestro potencial nos sirve de faro, la procrastinación puede oscurecer esa luz y desviarnos del camino.

En el próximo capítulo, abordaremos este obstáculo que nos acecha, proporcionando estrategias prácticas para superar la inercia de la dilación y asegurarnos de que nada obstaculice nuestro camino hacia la evolución personal.

PASO 7: PRÁCTICAS DIARIAS SIMPLES PARA SUPERAR LA PROCRASTINACIÓN

Es cierto que las personas que sobrepiensan a menudo se encuentran atrapadas en el ciclo de la procrastinación. No es porque carezcan de buenas intenciones o de un deseo de ser productivos, sino porque sus pensamientos tienden a abrumarlos.

Aunque es esencial planificar y preparar mentalmente las tareas, pensar demasiado puede transformar estos pensamientos proactivos en una barrera paralizante de preocupación e inacción.

Es importante reconocer que, si eres propenso a sobrepensar, no estás solo en esta lucha. Muchas personas se enfrentan a retos similares, que forman parte de la experiencia humana.

Cuando se habla de procrastinación, todo el mundo puede sentirse identificado, porque no hay nadie que pueda negarlo. Al menos una o dos veces en la vida, la procrastinación habrá desempeñado su función.

Cada vez que se te pasan los plazos, el nivel de ansiedad sube por encima de tu cabeza y te ves obligado a terminar el proyecto lo antes posible.

Pero, en el fondo, sabes que es imposible completarlo porque hay mucho que hacer. Sin embargo, ¡lo intentas! La procrastinación te hará la vida imposible, así que intenta que no se convierta en un hábito.

Algunas personas quieren dejar de procrastinar, pero no saben cómo hacerlo. O, a veces, puede que les falte la motivación que necesitan. Y puede ser frustrante, lo sé. Debes entender que los factores que hacen que procrastinar sea un hábito, difieren de una persona a otra:

Un escritor puede procrastinar el proyecto que se le ha asignado, por lo que debe trabajar día y noche para terminarlo.

Un estudiante retrasará sus tareas y las terminará a última hora.

Un deportista retrasará la medicación porque está muy preocupado por el partido que se acerca.

Si evalúas cada uno de los ejemplos anteriores, comprenderás que cada individuo mencionado en el ejemplo se verá afectado por la procrastinación. Por ejemplo, un atleta tendrá que enfrentarse a muchos problemas graves si no trata la lesión inmediatamente. Del mismo modo, también habrá muchos inconvenientes emocionales.

Voy a compartir algunas de las prácticas diarias que puedes seguir para superar la procrastinación. Estas prácticas te ayudarán a dejar de procrastinar, aunque te sientas perezoso o desmotivado.

Antes de comenzar a leer acerca de estas prácticas, debes recordar que puedes seleccionar cualquiera de ellas. Esto significa que no estás obligado a realizar todos los hábitos que figuran a continuación. ¡Empecemos!

1. Encuentra soluciones a posibles emergencias

La procrastinación no es solo un mal hábito, sino también un hábito peligroso. Tendrá un enorme impacto en tu salud. A veces, incluso podrías perder los grandes lazos que compartes con tu familia. Incluso puede que lleguen a pensar que ya no te importan.

Habrá situaciones en las que tengas que hacer frente a prioridades inesperadas, como la muerte, la enfermedad, etc. Esas situaciones no pueden esperar porque tendrás que abordarlas de inmediato. En tales casos, tendrás que abandonar todas las tareas programadas.

Otras veces, grandes acontecimientos familiares pueden convertirse en situaciones terribles, y no puedes evitarlas y volver a tu trabajo. Las emergencias no vienen con un aviso, así que debes afrontar los obstáculos que generan.

¿Cómo puedes evitar las emergencias? ¿Vas a pararlo todo y abordar el problema? O si ya has retrasado el trabajo y surge algo urgente, ¿cómo piensas solucionarlo? ¿Qué puede pasar si ignoras las urgencias?

Para gestionar las emergencias, debes tener una idea clara del tipo de emergencias a las que te enfrentas. Puedes pensar en las consecuencias de evitar la emergencia. O piensa en las personas relacionadas con la emergencia.

¿Cómo se sentirán si las ignoras? ¿Qué medidas puedes tomar para resolver este problema repentino y poder volver al trabajo? ¿O puedes posponer la emergencia porque no pone en peligro tu vida o la de los demás?

Antes de que sigas profundizando, déjame que te cuente.

Si trabajas tan duro que ni siquiera tienes tiempo para tu familia, significa que te estás perdiendo muchas cosas buenas de la vida y que hay una falta de equilibrio. No estás viviendo tu vida: aquí es donde entra en juego el concepto de trabajo inteligente. Es fácil estar ocupado y olvidarse de la gente que te rodea. O puedes posponer fácilmente emergencias que crees que no son importantes, y esas emergencias pueden convertirse en situaciones graves. Por supuesto, puedes estar tan ocupado que ni siquiera tengas tiempo para las cosas importantes, pero todo depende de tus prioridades.

No vale la pena ignorar ningún proyecto, cita o reunión por las emergencias que podrían afectar a la vida de un ser querido.

Te aconsejo que dejes de hacer otras cosas cuando surja algo urgente, porque la procrastinación no solo afecta al trabajo, sino también a la vida. Si atiendes las urgencias enseguida, no tendrás que enfrentarte a los peores casos más adelante.

La mayoría de las veces pensamos que la procrastinación tiene que ver con el trabajo y con cómo lo retrasamos. Pero espero haber señalado algo que también deberías tener en cuenta.

Si organizas las actividades relacionadas con el trabajo y las terminas antes de la fecha límite, o si ya has completado la mitad del trabajo, puede que las prioridades inesperadas no afecten mucho a tu vida laboral. Lo importante es estar organizado y saber priorizar tu vida.

2. Realiza revisiones diarias

Otra forma excelente de evitar la procrastinación es mediante revisiones diarias. Si dedicas diez minutos de tu jornada, podrás evaluar cómo van las cosas.

Al hacer la revisión, podrás encontrar las prioridades de tu día. A continuación, puedes analizar las tareas que tendrán un gran impacto en tus objetivos a corto plazo. Para que esta sesión de revisión sea más sencilla, considera la posibilidad de llevarla a cabo en formato de preguntas y respuestas.

¿Cuáles son las reuniones programadas a las que tienes que asistir? ¿Hay algún correo electrónico que debas responder hoy? ¿Hay algún documento que debas+6 editar hoy? ¿Hay citas que requerirán más tiempo del asignado? ¿Cuáles son las tareas que requieren más atención?

Del mismo modo, debes hacer un cuestionario para conocer la distribución del día. Pero no tienes por qué ceñirte a las preguntas que he mencionado.

Puedes preparar tus propias preguntas y respuestas y seguirlas. Si haces este repaso diario, serás capaz de entender el esquema del día.

Cuando tengas tu esquema, podrás seguir en la pista. Tendrás un conocimiento adecuado de las tareas que requieren más tiempo o una respuesta rápida+

3. Las tareas más importantes (El método MIT)

Es difícil vencer a la procrastinación si empiezas el día con una lista de tareas pendientes a reventar. Debes tener una lista de tareas simplificada para hacer las cosas a tiempo y correctamente.

¿Cómo puedes simplificar tu lista de tareas? Es bastante sencillo si te centras en las tareas más importantes (MIT). Tienes que conformarte con las tareas que repercutirán considerablemente en tus objetivos a largo plazo. Así lo recomiendan muchos expertos centrados en la productividad.

Mi consejo es que elijas las tres tareas más importantes de las que tengas que ocuparte al final del día. Es mejor elegir dos tareas importantes que tengan plazos ajustados y otra que repercuta en tu objetivo profesional a largo plazo. Si no pierdes de vista el concepto de MIT, podrás frenar la procrastinación. Una vez que completes las dos actividades más importantes, al final del día estarás interesado en hacer las demás. Y esa motivación es muy necesaria si quieres conseguir vencer a la procrastinación.

4. La matriz de Eisenhower

¿A quién no le gusta la productividad? ¿Quién no se alegra cuando las cosas suceden como se habían planeado?

Pero a veces, las cosas no salen como uno las planea. Si tu vida es como la mía, llena de emergencias y cambios constantes, debes tener la capacidad de tomar rápidas decisiones. Si quieres tomar una decisión rápida, necesitas el apoyo de la matriz de Eisenhower.

El fundador de este concepto, Dwight Davis Eisenhower, fue general del ejército. Por eso inventó este concepto. No siempre es posible trabajar según el plan cuando estás en el ejército. Habrá cambios repentinos e importantes. En tales casos, el concepto de la matriz de Eisenhower será la pauta a seguir.

Si Eisenhower lo utilizó en el ejército, no hay razón por la que nosotros no podamos hacerlo en nuestras vidas para evitar la procrastinación. Cuando manejes este concepto, no debes olvidar los cuatro cuadrantes relacionados con él. Si te centras en los cuatro cuadrantes, podrás enfocar tus tareas cotidianas en consecuencia.

Veamos los cuatro cuadrantes en detalle:

Cuadrante 1 (Q1): Urgente + importante

Estas tareas deben completarse en primer lugar porque son mucho más importantes que las demás y están directamente relacionadas con tus objetivos profesionales. Además, debes completarlas de inmediato porque son urgentes. Si realizas estas tareas, podrás evitar consecuencias negativas.

Una vez completadas las tareas de la Q1, podrás centrarte en otras tareas. Por ejemplo, si tienes que presentar un proyecto antes de que acabe el día, debes prestarle toda tu atención porque es urgente e importante.

Cuadrante 2 (Q2): Importante pero no urgente

Las tareas de la Q2 son importantes, pero no urgentes. Aunque puedan tener un gran impacto, son menos sensibles al tiempo que la Q1. Si comparamos la Q2 con la Q1, entenderemos claramente la diferencia.

Por lo general, las tareas de la Q2 incluyen las que tienen una gran repercusión en tus objetivos profesionales o vitales a largo plazo. Sí, tienes que dedicar más tiempo y atención a estas tareas. Pero rara vez lo haces porque tu mente sabe que las tareas de la Q2 pueden esperar.

Mientras tanto, estarás centrado en las tareas de otros cuadrantes. No cometas este error porque tus objetivos a largo plazo son la razón de ser de tus objetivos a corto plazo. Por ejemplo, tu salud es uno de los factores importantes, así que si no le dedicas suficiente tiempo, te arrepentirás. Sin embargo, es poco probable que dediques tiempo a las tareas de la Q2 cuando estés ocupado.

Cuadrante 3 (Q3): Urgente pero no importante

Las tareas de la Q3 son urgentes, pero no necesariamente tienes que dedicarles tiempo. Puedes automatizarlas o delegarlas en alguien que pueda encargarse de ellas. Estas tareas no son tan importantes, por lo que está bien delegarlas. Estas tareas suelen venir de terceros, y las tareas de Q3 no tendrán una influencia directa en tus objetivos profesionales. Pero cuando te encargues de tareas Q3, debes anotar las tareas que delegas.

Por ejemplo, si estás trabajando en un proyecto urgente y suena el teléfono, puede que te distraigas contestándolo. O, a veces, puede que ni siquiera sea una llamada importante. Para este tipo de actividades, puedes asignar a alguien. Incluso si se trata de una llamada urgente, puedes asignársela a alguien que pueda atenderla. De este modo, ¡podrás gestionar tu día!

Cuadrante 4 (Q4): No importante y no urgente

Las tareas incluidas en Q4 son las que hay que evitar. Te hacen perder tiempo innecesariamente. Si no dedicas NADA de tu tiempo a las tareas del Q4, podrás dedicar más tiempo a las tareas de la Q2. A estas alturas, ya sabrás en qué consisten las tareas Q4. En cualquier caso, son actividades como ver la televisión, navegar por Internet, jugar y mucho más.

¿Deberías eliminar Q4? Pues no. No deberías. Podrías tener dificultades para proteger tu puesto de trabajo si no tienes un estilo de vida equilibrado. Las tareas de la Q4 te ayudarán cuando te tomes un descanso de 5 minutos o cuando quieras alejarte del trabajo. Estas tareas ni siquiera deberían estar en tu mente cuando intentas ser productivo.

Para aplicar la matriz de Eisenhower en tu vida, empieza por dibujar una tabla en un papel o en tu diario. A continuación, divide la tabla en cuatro columnas y siete filas. Divide las filas según los días y añade los cuadrantes a las columnas.

Cuando tu tabla esté lista, analiza tu semana. Pero no anotes nada todavía. Antes de empezar el día, piensa, analiza de nuevo y asigna las tareas según la matriz. Si surge algo más, debes tomarte un tiempo para analizar la naturaleza de la tarea y luego clasificarla en el cuadrante correcto.

Una vez completados los siete días, puedes estudiar la tabla y evaluar tu eficacia y productividad.

Cuando lo intentes por primera vez no te parecerá algo increíble, pero no te rindas. Sigue intentándolo y, con el tiempo, descubrirás que dedicas más tiempo a las tareas importantes y urgentes.

Si sigues esta técnica, podrás estructurar tus tareas diarias, ¡y te ayudará a que tu éxito sea cada vez mayor!

5. Hazlo rápido

A veces te encuentras con tareas que no necesitan mucho tiempo, ni siquiera cinco minutos, y sin embargo las retrasas. Por ejemplo, limpiar después de cenar, enviar un correo electrónico o incluso ponerse el pijama (esto es pereza). Aunque estas tareas no requieren mucho tiempo, no las haces porque te consideras demasiado ocupado.

Ignoras las tareas rápidas o menores diciéndote a ti mismo que tienes demasiado que hacer. Pero el problema es que cada vez que retrasas las tareas menores, se acumulan y al final tienes que ocuparte de tareas enormes. Si no actúas de inmediato, tendrás mucho que hacer cuando te tomes días libres. Además, si terminas las tareas menores rápidamente, puedes evitar que se acumulen en tareas mayores. Hay dos prácticas que debes tener en cuenta si quieres terminar las tareas menores.

La regla de los dos minutos es una de las prácticas que debes seguir. Si crees que la tarea solo te llevará dos minutos o menos, puedes hacerla en lugar de posponerla, ¿verdad?

Así que siempre que te encuentres con alguna tarea menor, piensa si terminarla te llevará mucho tiempo. Si no es así, ¿por qué no hacerla?

Además, si sigues este hábito durante todo el proceso, sentirás que eliminas mucha negatividad y tendrás más tiempo para dedicar a las tareas importantes. Además, te sentirás más organizado y habrás conseguido más cosas que antes.

Por el contrario, si encuentras tareas que requieren más de cinco minutos, debes programar un tiempo para realizarlas.

La segunda práctica consiste en ocuparse de cada tarea por separado. Pondré un ejemplo. Supongamos que recibes un correo electrónico que requiere una respuesta, pero decides retrasarla. Más tarde, cuando vuelvas a leerlo, es posible que hayas olvidado los detalles y tengas que volver a leer todo el mensaje. En lugar de convertir esta sencilla tarea en un engorro, es mucho más fácil abordarla lo antes posible.

El concepto de manejo único te ayuda a completar las tareas. Si puedes ver claramente el final, debes emprender las acciones necesarias. Por ejemplo, puedes fregar los platos enseguida en lugar de dejarlo para más tarde. Del mismo modo, hay muchas tareas cortas que tienes que completar inmediatamente.

Si sigues estos conceptos, podrás completar rápidamente las tareas menores y superar la procrastinación. De hecho, el estrés que acompaña a la procrastinación también puede eliminarse por completo.

Estas son las prácticas sencillas que te ayudarán a vencer la procrastinación. No tienes que preocuparte ni pensar mal de ti mismo solo porque seas un procrastinador. Todos hemos sido procrastinadores en algún momento de nuestras vidas. Todo el mundo puede superarlo si lo intenta.

Ahora tienes muchos consejos prácticos que puedes seguir. Puedes ponerlos en práctica y ver si hay algún cambio.

Eres mucho más poderoso de lo que crees, ¡así que SOLO tú puedes decidir si te conviertes en un procrastinador o en una persona productiva!

GUÍA DE SOLUCIÓN DE PROBLEMAS (SI NADA FUNCIONA)

Este capítulo ofrece un resumen conciso y una aplicación práctica de lo que hemos tratado en este libro, aparte de la conclusión.

Considéralo una breve guía para ayudarte cuando te desvíes del camino o te enfrentes a esos días oscuros y difíciles.

Volver al buen camino

Supongamos que lo has hecho todo, que has practicado las técnicas de este libro y, de repente, todo parece desmoronarse.

Tus patrones de pensamiento negativo han vuelto, has empezado a preocuparte y a darle vueltas a todo otra vez, y necesitas urgentemente un empujón.

Aquí te explicamos cómo retomar el buen camino en tres sencillos pasos:

1. Identifica el problema y encuentra la causa raíz

Normalmente, cuando intentamos hacer algo nuevo, nuestros viejos hábitos intentan colarse nuevamente en nuestras vidas, haciendo que sea mucho más difícil seguir cambiando nuestros hábitos. Esto se debe a que no hemos encontrado la raíz del problema. Intenta volver a identificar la raíz del problema abordando tus desencadenantes. Aquí tienes algunos ejemplos de desencadenantes que pueden estar haciendo que te desvíes de tu camino:

• Estrés por cambios y relaciones;

• Aburrimiento por falta de progreso;

• Enfermedad o lesión crónica;

• Cambio de entorno, como mudarse o irse de vacaciones;

• Hacer mucho demasiado pronto.

Para evitar que los viejos hábitos se apoderen de ti, tómate algo de "tiempo para ti" para averiguar qué fue lo que te hizo fracasar en primer lugar. No lo veas como un fracaso, sino como una oportunidad para empezar de nuevo con más conocimientos.

2. Reinicia tu comportamiento practicando hábitos positivos

Regresa a lo básico y recuérdate a ti mismo que pensar demasiado no va a hacer nada más que volverte contraproducente. No ignores tus pensamientos, reconócelos y sé consciente de que están ahí. Establece un calendario de preocupaciones y anótalas para ocuparte de ellas durante ese tiempo. Practica la meditación y, si no has hecho lo suficiente, dedícate a hacer algo de ejercicio.

Al hacer estas cosas poco a poco, obligarás a tu cerebro a recordar los hábitos que estabas intentando formar y volverás a desafiar tus patrones de pensamiento. Cuando lo tengas claro, vuelve a marcarte pequeños objetivos y recompénsate cuando los consigas.

3. Prueba un enfoque diferente

No todos los métodos de acción funcionan para todo el mundo, así que busca un enfoque diferente que se adapte mejor a ti. Por ejemplo, si tu momento de preocupación es justo después de cenar, sobre las 6 de la tarde, empieza tu momento de preocupación antes de cenar, sobre las 3 de la tarde.

O es posible que hayas empezado a levantarte temprano, te pongas a hacer ejercicio y te duchas después, pero no lo consigues seguir con esa rutina porque te das cuenta de que estás apresurando mucho tu día.

Así que haz ejercicio justo antes de irte a dormir. Si adoptas un enfoque diferente, puede que encuentres algo que se adapte mejor a tu horario y te resulte más fácil seguir por el buen camino.

Calma la ansiedad (la preocupación) en cinco minutos o menos

La ansiedad y otros trastornos del estado de ánimo pueden presentarse con frecuencia para permitir que tus viejos hábitos vuelvan a la superficie. Esto se debe a que nuestras ansiedades nos permiten hacer lo que nos es familiar y "seguro".

A la ansiedad no le gustan los cambios y parecerá que tienes que volver a empezar constantemente porque cedes a tus ansiedades y retrocedes en lugar de dispararte hacia delante.

El truco para superar esto es encontrar formas de calmarse inmediatamente. Aquí tienes formas de hacerlo:

1. Juega el juego 5-5-5

El juego 5-5-5 es una técnica de conexión a tierra. Mira a tu alrededor en la habitación en que te encuentres y nombra cinco cosas que puedas ver.

Cierra los ojos, respira hondo y nombra cinco cosas que puedas oír. Mantén los ojos cerrados, o vuelve a abrirlos, mueve cinco partes del cuerpo y nómbralas.

Por ejemplo, mueve las muñecas y di en voz alta "muñeca", mueve los dedos de los pies y di en voz alta "dedos".

Vuelve a empezar y hazlo tantas veces como puedas hasta que te sientas tranquilo. Mantente completamente en el presente, como si estuvieras viendo, oyendo y moviéndote por primera vez.

2. Haz un ejercicio rápido

Salta, gira en círculos, estírate, camina, mueve los músculos de la cara, contonea cada parte de tu cuerpo, baila o haz cualquier actividad que ponga tu cuerpo en movimiento.

Haz cualquier cosa que te sirva para ejercitarte, tal vez salir a correr un poco o dar un paseo a paso ligero para cambiar de aires.

A veces, todo lo que el cuerpo necesita es un poco de ejercicio para superar la adrenalina inicial de la ansiedad. Mientras haces ejercicio, presta atención a la sensación de debilidad en las piernas o al hormigueo en la punta de los dedos. Muévete más allá de esto, y así entrenarás a tu cerebro para superar estas sensaciones incómodas de forma saludable.

3. Ponte un paño frío en el cuello

Al ponerte un paño frío en el cuello, sostener un cubito de hielo o darte una ducha fría, estás sacudiendo la ansiedad de tu sistema.

A veces, todo lo que el cuerpo necesita es una descarga rápida para desviar la atención de la ansiedad o los pensamientos preocupantes.

4. Come un limón o un plátano

Las papilas gustativas también son una forma rápida de provocar un shock en el organismo. Comer un limón hará que se te encoja la cara y tu cuerpo se sobresalte, por lo que las preocupaciones o el exceso de pensamientos que están causando la ansiedad se detendrán al instante.

Los plátanos contienen una gran cantidad de nutrientes que harán que tus niveles de azúcar vuelvan a la normalidad.

A veces puedes estar sufriendo un ataque de azúcar debido a una ingesta alta o baja de azúcar, por lo que un plátano hará que estos niveles vuelvan a la normalidad, lo que te hará sentir más tranquilo.

5. Cuestiona tu ansiedad

Tómate un minuto antes de entrar en pánico para abordar tus pensamientos. Cuestiónalos.

¿Cuál es la causa de la ansiedad? ¿En cuál de las distorsiones cognitivas se encuadran estos pensamientos?

¿Estás subestimando tu capacidad para manejar la situación en este momento? ¿Es una falsa alarma? ¿Qué puedes hacer al respecto? ¿Qué es lo peor que puede ocurrir?

Cuando te detengas a responder estas preguntas en su totalidad, notarás que tu mente no tiene la capacidad de atención necesaria para enviar síntomas negativos a tu cuerpo y pensar en cómo responder a estas preguntas al mismo tiempo.

Esto puede hacer que te sientas más tranquilo. Una vez contestadas estas preguntas, tómate un minuto para concentrarte en tu respiración, siéntate y sé consciente de tus respiraciones.

Métodos rápidos para disminuir los pensamientos negativos

En esos días en los que tus patrones de pensamiento han ahogado todo lo positivo, y te encuentras cayendo en el parloteo absurdo dominado por el pensamiento negativo, sigue estos sencillos métodos para salir de él rápidamente:

1. Córtalo en seco

Esta técnica requiere que actúes con rapidez. En cuanto te des cuenta de que estás teniendo pensamientos negativos, córtalos. Grita "DETENTE" dentro de tu mente, o incluso en voz alta.

No prestes atención al pensamiento negativo, no discutas, no te defiendas ni lo analices. Simplemente córtalo como si no existiera. Piensa inmediatamente en otra cosa o levántate y haz otra cosa. Busca una distracción para no seguir escuchando tus pensamientos negativos.

2. Etiqueta los pensamientos

Si cortarlos no funciona, prueba a etiquetarlos. Reconoce que lo que estás pensando es negativo, recuérdate a ti mismo que solo es un pensamiento. Puedes elegir prestarle atención o ignorarlo, de cualquier forma, no tienes que actuar en consecuencia, ya que es solo un pensamiento y no define tus acciones.

Los pensamientos negativos solo tienen poder sobre ti si les das el control de dictar tus acciones. No se trata de cómo nos enfrentamos a nuestros pensamientos, sino de cómo reaccionamos ante ellos.

Cuando no hacemos nada al respecto, recuperamos el control. Así que repítete a ti mismo: "Esto es solo un pensamiento negativo y no tengo que hacer nada al respecto".

3. Exagera los pensamientos

Otra forma de controlar tus pensamientos negativos es simplemente exagerar el pensamiento original.

Por ejemplo, imagina que estás intentando aprender algo y no lo consigues. Llevas horas intentándolo y te das cuenta de que piensas: "No tiene sentido intentarlo, soy estúpido y nunca aprenderé". Reconoce que esto es negativo, y luego exagéralo de forma escandalosa y hazlo humorístico.

Di: "Sí, de hecho, soy tan estúpido que no podría ni enroscar una bombilla, aunque lo intentara. Y como soy tan tonto, todo el mundo se dará cuenta, así que se reirán de mí.

Cuando acaben de reírse, les daré un motivo para reírse y empezaré a dar saltitos como un canguro, gritando como un burro, hasta el punto de que todo el mundo, incluido yo mismo, me reiré.

Después, me demostraré a mí mismo lo tonto que puedo llegar a ser".

Continúa así, usando tu imaginación y siendo tan sarcástico como puedas, sin tomarte nada de lo que digas a propósito como algo personal. Cuando hagas esto, te apuesto a que tu mente estará tranquila después de hacerlo.

4. Contrarresta

Esta técnica es lo contrario de la anterior. Cuando tu mente diga: "Soy tan estúpido", di exactamente lo contrario y nada más. Sería algo así como: "Soy la persona más inteligente de esta habitación". Si tu mente dice: "Nunca seré lo suficientemente bueno", di: "Siempre seré lo suficientemente bueno". Cuando tu mente diga: "Soy demasiado estúpido para entender estas cosas", di: "Soy demasiado inteligente para entender estas cosas".

Esto funciona porque cuando pensamos demasiado en nuestros pensamientos negativos, solemos temer actuar sobre ellos. Y cuando tememos actuar sobre ellos, el miedo suele hacerse realidad porque acabamos haciendo lo que tanto intentamos no hacer porque le prestamos demasiada atención. Así que cuando decimos lo contrario a nuestros pensamientos, en realidad no les estamos prestando atención, sino que estamos forzando a nuestra mente a pensar en positivo.

5. Refuerza las afirmaciones positivas

Por cada pensamiento negativo, piensa en dos afirmaciones positivas. Así, cuando tu mente diga: "No soy lo bastante bueno", di: "Hoy estoy agradecido de ser suficiente para el mundo" y "Menos mal que soy guapo, porque este pensamiento negativo podría sacar lo mejor de mí si se lo permito".

La razón por la que hacemos dos afirmaciones positivas por cada pensamiento negativo es para centrarnos más en el pensamiento positivo que en el negativo. A lo largo del día, puede que te sientas tan bien contigo mismo que te atribuyas el mérito de haberte hecho sentir así.

CONCLUSIÓN

Espero que hayas disfrutado leyendo mi libro sobre cómo dejar de sobrepensar. Las técnicas que giran en torno al pensamiento negativo, los pensamientos exagerados y la preocupación excesiva han sido investigadas a fondo, y te prometo que toda la información de este libro es completamente cierta.

Las técnicas que te hemos ofrecido a lo largo de este libro han sido discutidas y explicadas por muchos profesionales y probadas por muchas personas. Son efectivas y funcionarán cuando pongas tu mente, cuerpo y alma en ellas.

Lo que espero de ahora en adelante es que continúes practicando las técnicas positivas y que realmente desarrolles las formas de evitar el pensamiento negativo y la preocupación irracional en tu vida.

El único consejo que me queda por darte es que, ahora que has terminado de leer, vuelvas atrás y subrayes tus partes favoritas de este libro o dobles la esquina de la página para que puedas volver cuando lo necesites. De este modo, cuando te sorprendas retrocediendo después de intentar dar pasos hacia delante, podrás volver fácilmente al punto de este libro que más te haya ayudado a solucionar el problema.

Buena suerte en tus futuros éxitos y mantente sano.

¡Saludos!

BIBLIOGRAFÍA

5 techniques to eliminate negative thinking • mind power. (2011, September 23). Mind Power. https://www.learnmindpower.com/importance-of-eliminating-negative-thinking/

5 tricks that will calm your mind and quiet mental chatter. (2019, January 19). *Mindvalley Blog.* https://blog.mindvalley.com/calm-your-mind-quiet-mental-chatter/

6 tips to stop overthinking | psychology today Canada. (n.d.). https://www.psychologytoday.com/ca/blog/what-mentally-strong-people-dont-do/201602/6-tips-stop-overthinking

9 scientifically-backed ways to stop worrying. (2013, October 1). HuffPost. https://www.huffpost.com/entry/stop-worrying-anxiety-cycle_n_4002914

10 tips to manage your worrying | psychology today. (n.d.). Retrieved February 16, 2022, from https://www.psychologytoday.com/us/blog/why-we-worry/201206/10-tips-manage-your-worrying

12 tips for building self-confidence and self-belief(+pdf worksheets). (2018, July 18). PositivePsychology.Com. https://positivepsychology.com/self-confidence-self-belief/

Acceptance and commitment therapy | psychology today Canada. (n.d.). Retrieved February 17, 2022, from https://www.psychologytoday.com/ca/therapy-types/acceptance-and-commitment-therapy

Alton, L. (2019, June 28). *7 practical tips to achieve a positive mindset.* SUCCESS. https://www.success.com/7-practical-tips-to-achieve-a-positive-mindset/

Blog. (n.d.). Retrieved February 16, 2022, from https://uservoice.com//blog

Cognitive distortion. (2022). In *Wikipedia.* https://en.wikipedia.org/w/index.php?title=Cognitive_distortion&oldid=1070549092

Confidence. (2022). In *Wikipedia.* https://en.wikipedia.org/w/index.php?title=Confidence&oldid=1067543563

Curtin, M. (2018, August 30). *9 ways to get rid of anxiety in 5 minutes or less.* Inc.Com. https://www.inc.com/melanie-curtin/9-ways-to-get-rid-of-anxiety-in-5-minutes-or-less.html

Decision making skills. (n.d.). Retrieved February 16, 2022, from https://www.decision-making-solutions.com/decision-making-skills.html

Depression symptoms and warning signs—Helpguide. Org. (n.d.). Https://Www.Helpguide.Org. Retrieved February 16, 2022, from https://www.helpguide.org/articles/depression/depression-symptoms-and-warning-signs.htm

Frequent waking. (n.d.). Mayo Clinic. Retrieved February 16, 2022, from https://www.mayoclinic.org/diseases-conditions/insomnia/expert-answers/insomnia/faq-20057824

Harris, R. (2008). *The Happiness Trap: How to Stop Struggling and Start Living.* Trumpeter.

Help me shut off my brain before bedtime. (2021, June 7). Psych Central. https://psychcentral.com/lib/ways-to-shut-off-your-brain-before-bedtime

Hofmann, S. G., Sawyer, A. T., Witt, A. A., & Oh, D. (2010). The effect of mindfulness-based therapy on anxiety and depression: A meta-analytic review. *Journal of Consulting and Clinical Psychology, 78*(2), 169-183.

How to avoid harmful toxins in your life | brainmd. (2019, March 9). *BrainMD Health Blog.* https://brainmd.com/blog/how-to-get-rid-of-harmful-toxins/

How to build self-confidence: Preparing yourself for success. (n.d.). Retrieved February 16, 2022, from http://www.mindtools.com/selfconf.html

How to deal with negative thoughts -. (2015, February 15). https://elysesantilli.com/negative-thoughts/

How to reboot your brain | uplift. (2017, January 12). https://uplift.love/how-to-reboot-your-brain/

How to rewire your brain for positivity and happiness. (2013, January 31). Buffer Resources. https://buffer.com/resources/how-to-rewire-your-brains-for-positivity-and-happiness/

How to stop analysis paralysis: 8 important tips - personal excellence. (2014, May 12). https://personalexcellence.co/blog/analysis-paralysis/

How to stop the mental noise of your thoughts. (2020, September 4). https://www.successconsciousness.com/blog/inner-peace/how-to-stop-the-mental-noise/

How to stop worrying about things you can't change | psychology today canada. (n.d.). Retrieved February 16, 2022, from https://www.psychologytoday.-

com/ca/blog/what-mentally-strong-people-dont-do/201705/how-stop-worrying-about-things-you-cant-change

How to stop worrying—Helpguide. Org. (n.d.). Https://Www.Helpguide.Org. Retrieved February 16, 2022, from https://www.helpguide.org/articles/anxiety/how-to-stop-worrying.htm

Insomnia—Symptoms, types, causes, and more. (2018, October 13). Sleep Foundation. https://www.sleepfoundation.org/insomnia

Jacobson, M. (2017, December 11). *8 ways to turn off your brain so you can actually sleep at night.* Women's Health. https://www.womenshealthmag.com/health/a19973281/anxiety-sleep/

Levitin, D. J. (2014). *The Organized Mind: Thinking Straight in the Age of Information Overload.* Dutton.

March 5, H. E. U., Health, 2019 Categories:, Skills, P., Development, P., & Productivity. (2007, October 31). *6 ways to quickly change a negative mood into a positive one.* The Positivity Blog. https://www.positivity-blog.com/how-to-quickly-change-a-negative-mood-into-a-positive-one/

Obsessive-compulsive disorder (Ocd)—Helpguide. Org. (n.d.). Https://Www.Helpguide.Org. Retrieved February 16, 2022, from https://www.helpguide.org/articles/anxiety/obssessive-compulsive-disorder-ocd.htm

PowerofPositivity. (2015, December 14). *This is what negative thinking does to your brain and body. Power of Positivity: Positive Thinking & Attitude.* https://www.powerofpositivity.com/negative-thinking-affects-your-brain/

PowerofPositivity. (2016, August 5). *9 signs you're trapped in an overthinking mind. Power of Positivity: Positive Thinking & Attitude.* https://www.powerofpositivity.com/9-signs-trapped-mind/

Problem solving skills | skillsyouneed. (n.d.). Retrieved February 16, 2022, from https://www.skillsyouneed.com/ips/problem-solving.html

Sasson, R. (2020, March 30). *Concentration exercises for training and focusing the mind.* https://www.successconsciousness.com/blog/concentration-mind-power/concentration-exercises/

Saunders, E. G. (2018, July 12). *5 ways to make tough decisions faster (And not regret them later).* Fast Company. https://www.fastcompany.com/90199653/5-ways-to-make-tough-decisions-faster-and-not-regret-them-later

Sleep disorders: 10 tips to get you sleeping again. (n.d.). WebMD. Retrieved

February 16, 2022, from https://www.webmd.com/women/guide/insomnia-tips

Stöber, J., & Joormann, J. (2001). Worry, procrastination, and perfectionism: Differentiating amount of worry, pathological worry, anxiety, and depression. *Cognitive Therapy and Research, 25*(1), 49-60.

Success, P. (2016, February 23). Use the power of positive thinking to transform your life | brian... *Brian Tracy.* https://www.briantracy.com/blog/personal-success/positive-attitude-happy-people-positive-thinking/

Teixeira, J. G., Marques, A., & Guedes, D. (2018). Mindfulness-based interventions to reduce anxiety and depression: A literature review. *Mindfulness, 9*(3), 1045-1057.

The 8 most effective ways to get back on track after you messed up. (n.d.). Ladders | Business News & Career Advice. Retrieved February 16, 2022, from https://www.theladders.com:443/career-advice/the-8-most-effective-ways-to-get-back-on-track-after-you-messed-up-and-finally-stay-there

The power of positive thinking: 6 ways to attract happiness. (2019, January 16). *Mindvalley Blog.* https://blog.mindvalley.com/the-power-of-positive-thinking/

Thomsen, D. K., Yung Mehlsen, M., Christensen, S., & Zachariae, R. (2003). Rumination—Relationship with negative mood and sleep quality. *Personality and Individual Differences, 34*(7), 1293–1301. https://doi.org/10.1016/S0191-8869(02)00120-4

Unknown quotes. (n.d.). BrainyQuote. Retrieved February 17, 2022, from https://www.brainyquote.com/quotes/unknown_133991

Walton, A. G. (n.d.). *A better way to deal with the negative thoughts in our heads.* Forbes. Retrieved February 16, 2022, from https://www.forbes.com/sites/alicegwalton/2017/10/21/a-better-way-to-deal-with-the-negative-thoughts-in-our-heads/

What anxiety does to your brain and what you can do about it. (n.d.). Lifehacker. Retrieved February 16, 2022, from https://lifehacker.com/what-anxiety-actually-does-to-you-and-what-you-can-do-a-1468128356

What are intrusive thoughts? (n.d.). *MoodSmith.Com.* Retrieved February 16, 2022, from https://moodsmith.com/ocd-types/what-are-intrusive-thoughts/

What causes depression? Brain chemistry and neurotransmitters play major roles. (2019, January 31). University Health News. https://universityhealthnews.com/daily/depression/what-causes-depression/

What Is Exposure Therapy? (n.d.). Https://Www.Apa.Org. Retrieved February 16, 2022, from https://www.apa.org/ptsd-guideline/patients-and-families/exposure-therapy

What is overthinking disorder? | betterhelp. (n.d.). Retrieved February 16, 2022, from https://www.betterhelp.com

Watkins, E. R. (2008). Constructive and unconstructive repetitive thought. *Psychological Bulletin, 134*(2), 163-206.

You cannot help someone who doesn't want to help themselves. | Wise words quotes, Inspirational quotes, Words quotes. (n.d.). Pinterest. Retrieved February 17, 2022, from https://www.pinterest.com/pin/try-as-you-may-you-cant-help-someone-who-doesnt-want-to-be-helped--270427152601202959/

(N.d.). https://www.lifehack.org/articles/lifestyle/13-tips-to-face-your-fear-and-enjoy-the-ride.html

www.ingramcontent.com/pod-product-compliance
Lightning Source LLC
LaVergne TN
LVHW012108070526
838202LV00056B/5661